Mercedes Chivelet

DICCIONARIO
DE EDICIÓN

ACENTO
EDITORIAL

Esta obra ha sido publicada con la ayuda de la
Dirección General del Libro, Archivos y Bibliotecas
del Ministerio de Educación, Cultura y Deporte.

Diseño de cubierta: Alfonso Ruano / César Escolar

© Mercedes Chivelet, 2001
© Acento Editorial, 2001
    Joaquín Turina, 39 - 28044 Madrid

Comercializa: CESMA, SA - Aguacate, 43 - 28044 Madrid

ISBN: 84-483-0525-6
Depósito legal: M-28-2001
Preimpresión: Grafilia, SL
Impreso en España / *Printed in Spain*
Huertas Industrias Gráficas, SA
Camino Viejo de Getafe, 55 - Fuenlabrada (Madrid)

INTRODUCCIÓN

La tecnología digital ha convertido en accesible una especialidad que antes sólo sus profesionales eran capaces de desarrollar. El diseño y la edición se presentan hoy como actividades fáciles para cualquier persona algo interesada en ellas. La versatilidad de la herramienta informática pone a nuestro alcance la posibilidad de trazar, ordenar, crear y utilizar una serie de elementos que parecen dispuestos expresamente para ello.

Pero diseñar y editar bien supone algo más que el manejo de un software. Por una parte, son disposiciones innatas, porque exigen una percepción del entorno, pero son también disciplinas apoyadas en el conocimiento de técnicas y tendencias. Diseñar no sólo es dibujar, porque al diseñar un objeto estamos decidiendo su destino, estamos confiriéndole la posibilidad de desempeñar la función que se le asigna, sin por eso renunciar a una estética convenida. André Ricard, uno de nuestros diseñadores más internacionales, asegura: «El diseño no trata la forma por la forma, sino que la define según la utilidad que ésta ha de posibilitar.»

Cuando hablamos de diseño gráfico hacemos referencia no sólo al proyecto, sino al uso de los recursos empleados para la comunicación impresa en sus diversas presentaciones (carteles, folletos, programas, libros y periódicos) que comparten un destino: llegar al público, ser editados. Todos son portadores de mensajes, aunque de diferentes características, y coinciden, para expresarlos, en el uso de la letra y de la imagen. Las palabras toman formas concretas, configuraciones específicas, y se convierten en tipografías. La imagen surge de distintas fuentes, fotografía, ilustración e infografía que, aunadas en el lenguaje compartido, requieren de un interlocutor capaz de armonizar su encuentro, de diseñar su simbiosis y hacerla inteligible y atractiva, para que así pueda ser bien recibida la información que transfieren. Porque el objetivo final es precisamente éste: comunicar un mensaje de la forma más inequívoca posible y según una idea estética fijada previamente, ajustándose siempre a las exigencias de los medios disponibles en cada caso.

Trabajo complejo y apasionante, al que ahora la informática otorga la apariencia de sencillo pero que, en realidad, exige dominio de las técnicas, conocimiento de las máquinas que facilitan su realización y de las resoluciones que, en cada momento histórico, han sido utilizadas por el hombre para comunicarse a través del grafismo, visto que el diseño utiliza un lenguaje que debe ser universal para que llegue a todos. Editar obliga, por ello, a asomarse a las tendencias artísticas que, motivadas por hechos y comportamientos sociales, han sido su reflejo o su contrapunto. Los movimientos de repulsa, de crítica o iconoclastas marcan el camino de la evolución en el arte e inciden en el diseño y en la tipografía.

Recibimos la herencia de casi cinco siglos de imprenta y de esfuerzos titánicos por simplificar y abaratar la reproducción de textos e imágenes. Desde las primeras técnicas, empleadas por los copistas en los escritorios de los monasterios, hasta la generación digital, han pasado más años que cambios substanciales. Es ahora cuando presenciamos una gran revolución en el medio gráfico. Somos afortunados testigos de una etapa privilegiada en cuanto a posibilidades técnicas, pero corremos el riesgo de dejarnos deslumbrar por ellas, olvidando el fondo que ha de regirlas. La presencia de procedimientos y útiles procedentes de un ayer inmediato, y de un futuro que ya es presente, crea confusión y hace imprescindible la referencia a lo nuevo y a lo anterior. Por otra parte, el siglo XX ha sentido, en sus últimos años, nostalgia por la riqueza creativa que lo acompañó en su nacimiento. De ello se hace mención en estas páginas, porque influyó decisivamente en el nuevo diseño.

Este diccionario también quiere ser el registro de la aportación hecha por los veteranos, para hacerla llegar a los que comienzan. Quiere ayudar a los neófitos del grafismo impreso, a estudiantes de diseño y de periodismo, y pretende, además, rendir un pequeño homenaje a los viejos profesionales de las artes gráficas, cuya ausencia se deja sentir ahora, cuando su quehacer, en muchos casos, es practicado por expertos en el manejo de programas informáticos pero no en una actividad que exige conocimientos convalidados por el largo recorrido precedente.

El objetivo de estas páginas es facilitar el conocimiento de un vocabulario utilizado expresamente en el entorno del diseño y de la edición de publicaciones. Se incluyen términos de nuevo cuño que se corresponden con tecnologías de última hora, y vocablos que, por pertenecer a un pasado muy reciente, aún están vinculados a las actuales formas de expresión. El esfuerzo que ha supuesto la bús-

queda y recuperación del significado de unos vocablos des-
virtuados por el uso, y de otros casi olvidados pero vigen-
tes en su contenido y definición, compensa si se consigue
incorporar conceptos, ampliar posibilidades, aportar sugerencias y, al mismo tiempo, enriquecer un lenguaje —a
veces jerga— empobrecido a medida que admite términos
extranjeros, mal traducidos, que usurpan presencia a palabras propias de nuestra lengua. La rutina y la invasión
de elementos extraños están acotando la pluralidad de expresión de que disponemos.

Sólo cabe alentar a los jóvenes para que, en este principio de milenio, busquen tipografías expresivas y ema-
nadas de una sociedad que vive circunstancias irrepeti-
bles. Les pedimos espíritu crítico y dedicación entusiasta.

Las definiciones que se dan son sucintas, pero suficien-
tes para explicar el concepto. Su ampliación, si se des-
pierta la curiosidad del lector, se encontrará en posteriores consultas más específicas. Las palabras que aparecen
en *cursiva* tienen su propia y ordenada definición y, con
esa configuración inclinada, sugieren una búsqueda con
la que poder ampliar los significados. Las precedidas por
un asterisco (*) introducen otro valor asignado al mismo
término.

A

AA Abreviatura de *alteración* del *autor*. Se emplea para indicar errores detectados, no atribuidos al impresor.

a fibra Grabado xilográfico al hilo. Ver *xilografía*.

a sangre Se determina así al elemento que no respeta el *margen* de página y lo invade hasta el límite de corte.

a tamaño Expresión usada para indicar que una ilustración o fotografía se procesa al tamaño del *original*.

abecedario Antiguo sistema seguido para ordenar con letras las *signaturas* de los pliegos. Utilizado desde el siglo XV hasta el XIX.

abierta Diseño de letra que incluye trazados y luces. De ella sólo se imprimen o dibujan los perfiles. Llamada también *hueca*, es utilizada en *titulares*, *publicidad* y *logotipos*.

abrazadera Llave gráfica que sirve para agrupar líneas de texto.

abstracta Se dice de la imagen que no es figurativa.

abstracción Las primeras muestras de abstracción se deben a Wassily Kandinsky, hacia 1910, y lo son de dinamismo y color. Después, la abstracción será protagonista de otras muchas tendencias que la integrarán.

abstracción sígnica Tendencia artística mundial, iniciada hacia 1944, que utiliza grandes caligrafías de inspiración oriental, signos y acromatismo.

acabado Referido al *papel*, es el aspecto adquirido por su superficie en el proceso de fabricación. Puede ser *brillante*, *mate*, *avitelado*, *cuché*, *florete*, *satinado* y *verjurado*, entre otras muchas variedades.

acéfalo Libro al que le falta la *portada* o el pliego de entrada.

acetato Material transparente o translúcido, utilizado en algunos procesos del montaje de páginas.

acromático Carente de *croma*. Se dice de las sugerencias icónicas del blanco, negro y gris. Neutro.

acrónimo Siglas. Palabra creada con las iniciales de otras.

acróstico Palabra que forman, al ser leídas en vertical, las iniciales de una composición poética.

acuarela Pintura que utiliza colores transparentes, diluidos en agua y, como blanco, emplea el aportado por el *soporte*.

adenda o **addenda** Añadido textual, no muy extenso, hecho al contenido de una edición para completar o actualizar datos.

adsorción Fijación de los coloides del agua, en litografía, en las zonas no impresoras de la *forma*, que rechazarán así la tinta grasa.

ágata Nombre que, antiguamente, recibía el *tipo* del *cuerpo* 5, es decir, de 5 *puntos* de altura.

aguada Técnica similar a la *acuarela* pero con colores más espesos a los que, además, se añade el blanco. Da tonos opacos.

aguafuerte *Calcografía* realizada con intervención de ese ácido (nítrico), empleado para el mordido de las *planchas*. Éstas resultan afectadas por el baño ácido al verse desprovistas del barniz protector mediante el trazado del grafismo en su superficie con una punta metálica.

aguatinta Técnica de *calcografía*. En ella, la plancha de cobre está recubierta de una resina de pino pulverizada que, por efecto del calor, se transforma en un granulado que desaparece al dibujarse sobre él lo que se quiere reproducir.

Las zonas del grafismo quedan sin protección y, por tanto, atacadas por efecto del posterior baño de ácido nítrico. El *grabado* presenta el aspecto de una aguada con tinta, con los degradados originados por las diferentes intensidades de mordido del ácido.

aire Se designa así a los espacios blancos diseñados en una página.

ajustar Acción de formar una página completa con todos sus elementos, de modo que no sobre ni falte alguno. *Compaginar. Montaje.*

ajuste Espacio entre *caracteres*.

ajustador Profesional encargado del *montaje* final de una página en *platina*.

ala de mosca *Tipo* del *cuerpo* 3, es decir, de 3 *puntos* de altura.

álbum Publicación diseñada para la recopilación de imágenes o textos. Álbum de cuentos, poemas, fotos, cromos, etc. *En la antigua Roma, pared blanca, situada en lugares públicos, donde se escribía la información para darla a conocer al ciudadano.

alcance visual Espacio de, aproximadamente, unos 2 centímetros de ancho que corresponde a la capacidad lectora de un golpe de vista.

aldina Letra cursiva diseñada por Aldo Manuzio, en el siglo XVI. Por extensión, todo lo procedente de los talleres de este impresor veneciano.

aleación tipográfica Mezcla compuesta por plomo, antimonio y estaño, utilizada para la obtención de *tipos* y *tejas*. En el lenguaje de *artes gráficas* se conoce como *plomo*.

aleluya Expresión de alabanza o alegría. *Estampas religiosas que incorporaban esta palabra. Por extensión, cualquier estampa o serie de ellas, impresas en el mismo pliego, que integraban un texto de dos líneas rimadas (ver *rima*). *El propio verso pareado.

alemán o **moderno** Modalidad de *párrafo* en el que las líneas están *justificadas* de *entrada* y *salida*, excepto la última, que puede resultar más corta y permanece alineada de *entrada*.

aleta Solapa. Parte de la *sobrecubierta*, doblada hacia el interior del libro.

algafría Técnica litográfica (ver *litografía*) que utiliza, en lugar de la plancha de piedra, una hoja de aluminio graneada con bolas de acero y desoxidada con una solución de ácido sulfúrico.

alimentación Referido a líneas de *fotocomposición*, es la distancia entre ellas. *Interlineado*.

alineación Efecto conseguido cuando las líneas de texto, u otros elementos, se apoyan, arrancan o terminan respetando una línea recta imaginaria, horizontal o vertical. Alineación de *entrada* o de *salida*. Alineación respecto a la *línea base*. *Párrafo*.

almanaque Publicación anual en la que se incorporan al calendario citas textuales, anotaciones de astronomía, agenda de acontecimientos previstos y textos lúdicos e informativos.

alónimo Publicación con el nombre de una persona que no es su autor.

altura de la x Sirve para determinar el tamaño del *ojo*, tomando como referencia la «x» minúscula, por no tener rasgos *ascendentes* ni *descendentes*. Determina el tamaño visual de la letra, y por tanto incide en su *legibilidad*.

alvéolo o **alveolo** Cavidad irregular, receptora de tinta, en las planchas de impresión en *huecograbado*.

alzado Efecto de aunar los pliegos, siguiendo el orden de sus *signaturas*, para proceder a la *encuadernación*. *Gráfico que muestra la proyección vertical de un objeto.

amanuense Calígrafo que reproducía textos a mano, antes de la invención del tipo movible. Llamado también *escriba* en algunas culturas.

amarillo Una de las cuatro tintas de impresión. Absorbe las radiaciones azules y refleja las rojas y verdes.

ampliar Aumentar el tamaño de una imagen de forma proporcional, es decir, conservando la misma relación entre la medida de su base y la de su altura.

anagrama Palabra obtenida por la alteración en el orden de las letras de otra.

analógico Relación existente entre un objeto o signo y su representación, cuando ambos disponen de la misma estructura.

análogos Referido al color, se dice de los que presentan similitudes tonales (de *tono*).

ancha Letra que presenta un aplastamiento. Contrario a *chupada*.

anchura de la m Se toma como referencia la «m» minúscula, por coincidir su ancho con el *cuerpo* del texto al que pertenece. En un *cuerpo* 10, la anchura de la «m» son 10 *puntos*.

anepigráfica Composición de texto que carece de *título*.

anexo Aportación añadida y complementaria, hecha por un autor a la obra editada de otro.

ángulo de la trama Inclinación dada a las *tramas de semitono*, obligada para evitar el efecto *muaré*.

anilina Componente de algunas tintas llamadas a la anilina, formadas por colorantes, goma o laca y alcohol. Secan por evaporación de éste. Se utilizan en *flexografía*, llamada también por ello impresión a la anilina.

animación Acción que consigue el efecto de insuflar vida a una ilustración. Se utiliza, con diversos recursos, en la edición de libros infantiles.

anónimo Publicación en la que se omite el nombre del autor.

anopistógrafo Escritura o impresión por una sola cara del papel.

anteportada Falsa portada. *Portadilla*.

antetítulo Elemento textual que precede al *título* y forma un todo con él. Es una de las partes posibles de los *titulares*.

antiguas Letras *romanas* caracterizadas por la diferencia en el grueso de sus rasgos y el *serif* cóncavo y triangular. Sus modalidades más representativas fueron la *garalda* y la *el-*

zeviriana. *En la clasificación de *Thibaudeau* se designan así las carentes de patilla por su semejanza con las *góticas*, nombre con el que se las conoce en la nomenclatura norteamericana (llamadas «gothic»). En Alemania es la «grotesk»; en el Reino Unido, «sans serif», y en España se ha hecho la traducción de cada término, de modo que antigua, según el contexto, puede ser *paloseco*, *grotesca* y *romana* antigua. Ver *Vox*.

antropomórfico Imágenes del mundo animal, vegetal o de objetos, que incorporan atributos humanos.

anverso *Cara* de un pliego que se imprime en primer lugar.

apaisado Tamaño de papel o elemento en el que la base (dimensión horizontal) es mayor que la altura (dimensión vertical).

apéndice Prolongación complementaria del contenido de un libro.

ápice Adorno terminal en el trazado de una letra.

apócrifo Obra cuyo origen no es el que se le atribuye.

arabesco Conjunto de líneas curvas y rectas que formaban elementos decorativos con diseños adaptados a las tipografías.

Muy utilizados en el *modernismo*. *Viñetas*.

árbol Referido al *tipo movible*, es la altura del prisma, desde su base hasta la superficie que soporta el relieve del *ojo*, excluyendo a éste.

arco iris Impresión obtenida por la disposición cercana de dos o más colores, en la *prensa*, dando como resultado su fundido progresivo.

argot Lenguaje propio de un grupo social.

armonía Efecto estético, afortunado, conseguido por la correspondencia entre elementos *análogos* o contrastados. (Ver *contraste*).

arquitectura gráfica Aplicada a la página, es la estructura visual conseguida al ordenar todos sus elementos siguiendo las pautas de diseño y utilizando las posibilidades del *lenguaje gráfico*. Su objetivo es la óptima comunicación.

arracada Espacio en blanco reservado en una composición para la integración posterior de algún elemento. En *códices* e *incunables*, para las letras *capitulares* que se incorporaban una vez terminados los textos.

arrevistado Se define así al formato o tamaño de diario, más pequeño que el *tabloide*, que lo acerca al convencional de una revista.

art brut Surge en Francia en 1960. Jean Dubuffet llama así al arte que incorpora expresiones plásticas muy elementales. A veces utiliza las procedentes de los propios niños y, en algunos casos, recurre a las realizadas por enfermos mentales y grupos marginados. Defiende la libertad cromática y el rechazo de la belleza.

art-déco Estilo decorativo consolidado por la Exposición de Artes Decorativas de París, en 1925. Recoge las formas del *cubismo*. Aplica gran cantidad de adornos geométricos, no inspirados en la naturaleza, como hizo el *modernismo*. Dejó su huella en la arquitectura, artes decorativas, tipografía y cartelismo.

arte final Presentación última del trabajo gráfico, previa a su proceso de reproducción.

arte intermedial Utiliza distintas modalidades de expresión gráfica, fotos, textos y formas. Integra la *imagen textual*.

arte mínimo Su propuesta, hecha en los años sesenta, es la simplicidad de formas. Abandona cualquier elemento decorativo para ajustarse a estructuras claras y geométricas.

arte pop Movimiento artístico de los años sesenta que ofrece una visión vitalista del mundo, aunque no carente de ironía. Eleva a categoría estelar los productos de consumo cotidiano. Aplica el género de *cómic* a la pintura. Este recurso se utilizará en el diseño de carteles y anuncios impresos. Sus principales representantes son Lichtenstein, Warhol y Waselman.

arte serial Es el que recurre a la repetición seriada del mismo elemento gráfico logrando una estética basada en un *prototipo*.

artes gráficas Bajo este nombre se agrupan las diversas actividades que intervienen en el proceso que culmina con la obtención del producto impreso.

Arts and Crafts Movimiento artístico promovido por el tipógrafo y diseñador inglés William Morris que, en 1890, funda la Kelmscott Press para bellísimas ediciones de libros, resucitando la memoria de los *códices*. Como editor concedió especial atención al papel, al diseño de la letra y a los *márgenes*. Propugnó la vuelta a la manualidad y la inspiración en lo medieval para los elementos ornamentales. Sirvió de arranque al *modernismo*.

ascendente Rasgo de la

13

letra minúscula que sobrepasa, hacia arriba, la *altura de la x*.

asimétrica Composición gráfica que no presenta *simetría*. *Estilo de maquetación definido por el orden *quebrado* de los elementos de la página, rompiendo así la posible simetría entre ellos, pero logrando *ritmo* y ajustada valoración.

asta Trazo principal de las letras. Conocido también como palo, montante o fuste. Puede ser uniforme o modulado, según modifique o no su grosor en su recorrido. De esta peculiaridad, de su inclinación, y de la combinación con los demás elementos concurrentes, resultan las diversas *familias*.

astralón Película de plástico indeformable y transparente del tamaño de un pliego que se utiliza para el *montaje* de los distintos *fotolitos* que integran una página. Conseguido el montaje, se sacan de él los *ferros* o pruebas, y se continúa el proceso para la obtención de la *forma*.

atromarginado Impreso con los márgenes en color o negro.

aumento Porcentaje de papel que se presupone para cubrir posibles deterioros originados en la impresión.

áureo Punto resultante de la partición proporcional de un espacio gráfico. Viene dado por la intersección de dos líneas trazadas según el *canon áureo*.

autocubierta Publicación que presenta las páginas de cubierta impresas en el mismo papel que las interiores. Generalmente, folletos.

autoedición Término poco afortunado, pero impuesto por el uso, que define la capacidad de un diseñador para obtener de forma autónoma, y sin dependencia de otros profesionales, una publicación. Incluye la posibilidad que ofrece la digitalización para introducir información, diseñarla, realizar la composición y obtener la impresión.

autografía Técnica planográfica (ver *planografía*) en la que la piedra litográfica recibe la transferencia del dibujo, efectuado previamente en un papel, en lugar de realizarse en ella directamente.

autotipia *Fotograbado directo*.

autotipo Copia única.

Avant Garde Título de una publicación que da nombre a la letra utilizada en su cabecera. Diseñada por Herb Lubalin en 1960, se caracteriza por su estructura geométrica, ausencia de *serif* y la peculiaridad de sus *ligaduras*.

avitelado Papel que presenta una cara más suave que la otra, como resultado de su proceso de fabricación. Recuerda, por su tacto, la *vitela*.

axial Tipo de diseño que utiliza la planificación simétrica de los elementos disponibles.

axila Espacio angular creado entre el texto y el titular que lo introduce, cuando éste ocupa un mayor número de columnas que aquél.

azurado o **azuré** Galicismo que designa un elemento gráfico que imita el azur (azul) de los escudos heráldicos, donde se expresa este color por un conjunto de líneas horizontales. Debería decirse azulado, pero no está admitido. *Milrayas*.

B

bailadas Sílabas, letras o palabras que sufren un intercambio involuntario.

bala Equivalente a 10 *resmas*, es decir, a 5.000 hojas.

balón Referido al papel, fardo de veinticuatro *resmas*. *Bocadillo. Globo*.

bandera Bloque de texto cuyas líneas, alineadas sólo a la derecha o a la izquierda, terminan o empiezan, respectivamente, de forma desigual, dando lugar a la consiguiente bandera de *salida* o *entrada*.

barbas Flecado del papel cuando no está cortado con guillotina.

barra Trazo recto, horizontal o inclinado, de las letras que no se corresponde con el *asta* y que por su situación recibe también el nombre de travesaño.

barroco Estilo artístico desarrollado en el siglo XVII y principios del XVIII, caracterizado por la abundancia de ornamentación. *Aplicado al diseño, complejo, sobrecargado de elementos, que puede crear confusión.

base Parte de la letra que constituye su apoyo sobre la *línea base*.

bastarda Llamada también bastardilla. Letra *cursiva*, con curvas acusadas, de diseño español. Su autor fue Juan de Yciar, a mediados del siglo XVI.

Bauhaus Es la «Casa de construcción», donde se dio cita el movimiento, de gran incidencia en la tipografía, que aglutinó las tendencias del momento. La Bauhaus se establece en Weimar, en 1914. Después se traslada a Dessau, donde Herbert Bayer dirige el taller de tipografía. Defiende la artesanía del arte y el carácter útil de éste. Sus objetivos son los mismos de *De Stijl*. Junto con Tschichold, que imparte tipografía en Munich, recomienda los tipos *sin serif*, porque reflejan la «belleza útil». Rompen la *composición* lineal y utilizan gran variedad de letras de diferente grosor y tamaño.

beato Códice que reproduce los Comentarios al Evangelio de San Juan, escritos por el Beato de Liébana, en el siglo VIII. Fue uno de los textos más copiados en los *scriptorium*, entre el siglo VIII y el XII, y ejemplo de la belleza de ilustraciones que resultan, además, explicativas. Algunas han servido de referencia para la reconstrucción geográfica de su época.

berlinés *Formato* vertical de una publicación cuyas dimensiones se aproximan a 31 × 47 cm.

bestiario Colección de animales imaginados perteneciente a un tema o autor.

biblia Tipo de papel mate y de poco gramaje pero de buena calidad empleado para obras de mucho *cuerpo*. Presenta *opacidad* y resistencia.

bibliografía Relación de obras consultadas o de referencia que figuran como complemento de una obra. Puede situarse al final del libro o de cada *capítulo*, según se presente completa o distribuida. Su tratamiento tipográfico emplea versalitas y caja baja o alternancia de redonda y cursiva, en caja baja o versales, para destacar autores, títulos y otros datos.

bicromía Impresión a dos tintas.

bidimensional Imagen representada en función de su dimensión horizontal y vertical.

bigote *Filete* más grueso por el centro que por los extremos o con un adorno central que rompe la línea.

bigotillo *Patilla*.

birlí Espacio forzado, en blanco, en la parte inferior de una página que no dispone de más elementos impresos.

bit Unidad más pequeña de información digitalizada. Cadena de bits, formada por combinaciones binarias del 1 y el 0.

bitono Impresión de dos *tonos* del mismo color, realizada con dos *negativos*, uno de las sombras y tonos medios de la imagen, y otro con las zonas de luz.

blanco Espacio previsto que se respeta sin impresión, para ordenar, separar o ponderar los diversos elementos de la página. *Anverso*.

bloque Diseño de *párrafo* en el que todas las líneas son iguales y guardan *alineación* de *entrada* y *salida*.

bobina Rollo de papel continuo destinado a la impresión en *rotativa*. Su fabricación se inicia en el último año del siglo XVIII, con Luis Robert, en los molinos de papel de la familia Didot, cerca de París.

bocadillo En las tiras cómicas, espacio cercado donde se sitúan los textos. Balón. Globo.

boceto Croquis, esquema inicial de un proyecto gráfico en el que se expresa la idea básica. *Premaqueta*.

Bodoni, Giambattista Tipógrafo italiano del siglo XVIII, diseñador de la tipografía *romana moderna*, con *patilla* recta y fina. Trabajó con los franceses *Didot*.

boletín Publicación periódica, de circulación restringida por el carácter de su contenido, de interés para un grupo de lectores concreto. *Informe breve en el que se adelantan datos de una noticia importante.

boliche Elemento gráfico de forma redondeada, que inicia las líneas de texto de un listado.

bosquejo Apunte gráfico, poco concreto, de una idea. *Esbozo*.

botón Llamado también gota o lágrima, es el remate que, con esa forma, puede presentar la *cabecera* de la letra.

brillo Cualidad que hace referencia a la intensidad luminosa, directamente proporcional a ella.

bucle Llamado también panza de la letra, corresponde al cierre de su parte curva.

buril Instrumento punzante que se utiliza en el grabado de *planchas* para *xilografía* y *calcografía* (*talla dulce*).

bustrófedon o **bustrofedon** Texto cuyas líneas se leen, alternativamente, de izquierda a derecha y viceversa.

byte Cadena de ocho *bits*. Se identifica con el signo tipográfico digitalizado.

C

cabecera Parte alta de la página. Por extensión, titular de la información que abre página. *Nombre que identifica a la publicación. *Mancheta*. *Rasgo más alto de una letra.

CAD Siglas de la definición, en inglés, de diseño asistido por ordenador.

cadena de edición Actividades confluyentes en la publicación de una obra.

caja Zona destinada al texto, gráficos y otros elementos, dentro de la página. *Mancha*.

caja tipográfica Lugar, dividido en espacios o cajetines, donde se guardaban los tipos movibles para la composición manual. En ella se diferenciaban tres zonas, según los tipos almacenados: caja alta (para las mayúsculas), caja baja (minúsculas) y *contracaja*.

cajista Persona que realizaba la composición de textos de forma manual, utilizando *tipos movibles*, *componedor* y *cajas tipográficas*.

calado Texto o ilustración que se imprime dentro de otro elemento, del que elimina el contenido que corresponde a su trazado.

calandrado Papel que, en el final de su proceso de fabricación, recibe un prensado, necesario para conseguir el cierre de sus poros y un acabado brillante.

calcografía Nombre que agrupa a los diferentes procedimientos manuales de *huecograbado*. Ver *aguafuerte*, *aguatinta*, *talla dulce*. *Grabado* obtenido por cualquiera de ellos.

cálculo de original Se realiza para conocer, previamente, el espacio que ocupará el texto una vez impreso. Permite convertir sus líneas, de cualquier *configuración*, en las correspondientes, de un determinado ancho y diseño, integrantes de la *maqueta* de una publicación.

calibrado de texto Operación que permite calcular el volumen de texto original necesario para, convertido en líneas de composición de la página, con un ancho, cuerpo y diseño determinado, quedar ajustado al espacio destinado en ella. Es la operación inversa al cálculo de original.

calibre Grosor del papel. También llamado cuerpo.

caligrafía Escritura manual, bella y cuidada en su trazado.

caligráfica Familia tipográfica que copia, en su diseño, las distintas modalidades de caligrafía. En la clasificación de *Vox* se corresponde con las *manuales*. Las caligráficas diseñadas por Didot, en el siglo XVIII, son de inspiración inglesa.

caligrama Texto dispuesto de forma que genera una figura. Las letras entran en la definición del objeto que representan. Técnica practicada por el *futurismo*. Guillaume Apollinaire lo llamó poema figurativo.

calitipia o **calotipia** «Impresión hermosa» como definió Henry Fox Talbot, en 1841, a su procedimiento de obtención de positivos en papel fotosensible, partiendo de negativos. Talbotipia.

calle Espacio blanco, separador de elementos gráficos.

camisa *Sobrecubierta*. *Hoja transparente o translúcida que cubre el *arte final* para añadirle anotaciones y detalles explicativos.

cancilleresca Letra inclinada utilizada en Italia, en el Renacimiento, por la Cancillería papal.

canon Nombre antiguo de los *tipos* de 24 *puntos* de altura, llamados también palestina o doble cícero.

canon áureo o **propor-ción divina** Establece dos secciones en la partición lineal de un segmento, que guardan la misma relación entre la pequeña y la mayor que entre ésta y el total. Aplicado a la base y altura del *formato*, se obtienen dos líneas que confluyen en el punto *áureo* y crean cuatro zonas proporcionadas.

cantonera Remate de los ángulos de un *recuadro*, que adoptan esa forma, con diversos diseños. Llamado también esquinazo o chaflán.

caña Doble hilo o doble *filete* formado por dos líneas paralelas y de igual grosor.

capa *Sobrecubierta*.

capas Opción de los programas de tratamiento de imágenes digitales que permite su organización en planos superpuestos que, una vez activados, admiten su modificación.

capilla Pliego suelto que forma parte de una obra impresa, que según se obtenía se enviaba como prueba al autor para su revisión.

capital Letra romana empleada en los capiteles conmemorativos. Mayúscula de gran tamaño, variable según su ubicación, para ser legible a distancia. Las de la Columna de Trajano sirvieron de inspiración a las tipografías romanas.

capitular Letra inicial de un *capítulo* o *párrafo*, que se hace destacar del resto del texto que encabeza. Quedaron definidas en todas sus posibilidades estéticas en los códices medievales, donde supusieron uno de sus elementos más cuidados. Después se han utilizado para embellecer los textos e indicar el comienzo de su lectura. Según el recurso elegido para ello, pueden adoptar tres modalidades principales: *engatillada*, *levantada* o *colgada*.

capítulo Cada una de las particiones del libro, en función de sus contenidos.

capuchina Grupo de *chibaletes*.

cara Cada una de las dos superficies de una hoja. *Anverso* y *reverso*.

carácter *Letra*, *tipo*. *En el cálculo de un texto, *original* o *compuesto*, se incluyen también los espacios entre palabras y los signos de puntuación; por tanto, carácter resulta, en este caso, sinónimo de *pulsación*.

caracteres de sistema Son los que hacen alarde de su origen o sistema de composición que los genera. Por ejemplo, los característicos de máquina de

escribir, *teletipo* o computadora. Fuera del uso que les pertenece, se emplean para introducir connotaciones en el diseño.

carátula *Portada*.

careta En la jerga profesional, es el resultado de aplicar cortes intencionados a la fotografía de un rostro para destacar en él aquello que se considera más expresivo o para reforzar un determinado gesto.

caricatura Representación de una figura en la que se acentúan sus rasgos más característicos, y así queda definido su perfil desde la visión subjetiva del autor. Puede tener connotaciones humorísticas y satíricas. *Ilustración gráfica que presenta estas pautas.

carolingia Nombre de la primera escritura *cursiva*, diseñada en el siglo VIII por Alcuino de York. Fue promocionada por Carlomagno, en cuyo honor toma su denominación.

carrete Papel que ha de dejarse en el *mandril*, imprescindible para proceder al cambio de *bobina* en una *rotativa*.

carta cromática Listado de colores y *gamas* disponibles en una publicación que forman parte de su *estilo editorial*.

cartel Llamada gráfica de

gran poder comunicativo y fuerte impacto visual que utiliza grandes formatos en razón de su ubicación prevista. Como solución es tan antigua como la cultura romana, cuando se colocaban grandes murales en sitios públicos, pero tal y como hoy lo concebimos, surge en el último tercio del siglo XIX. La litografía, inventada por Senefelder y perfeccionada después, facilitó el trabajo de edición y estimuló a los diseñadores para crear espacios gráficos que cubrieron paredes y muros. Jules Chéret, litógrafo que estudia bellas artes en París y cuya producción se inicia en la última década del siglo XIX, abre la época del cartelismo, que va a ser reflejo de los sucesivos movimientos artísticos.

cartela Pequeño espacio impreso en el que se ofrece información indicativa. *En una publicación periódica, es un *recuadro* en el que se incluyen los nombres de los partícipes de la edición, es decir, su plantilla. También se usa el término inglés *staff*.

cartón Papel de *gramaje* superior a 450 gramos. *Referido a la *estereotipia*, es el molde del que se obtiene la *teja*. *Flan*.

cartucho Forma de presentación de los textos *diegéticos*.

cartulina Papel de *gramaje* comprendido entre 250 y 450 gramos.

casar Acción destinada a hacer coincidir las páginas en el *pliego* para que, una vez impreso y doblado, resulten correlativas.

cascabeles Letras levantadas por los rodillos, en la impresión con *tipos movibles*, por estar mal ajustadas las líneas.

catálogo Publicación con fines comerciales y variable número de páginas, que ofrece información concreta y múltiple, debidamente clasificada.

ceja Parte de las tapas que sobresale del tamaño de las páginas encuadernadas.

centrado Definición que corresponde al elemento situado de forma equidistante de los márgenes.

centro de interés Zona en la que incide la atención del lector. Puede corresponderse con el *centro óptico*, pero también ser desviado por la presencia de algún elemento perturbador que actúe como imán.

centro óptico Espacio de visión prioritaria. Existen diversos criterios para establecerlo. El más aceptado viene dado por el trazado de una Z imaginaria que ocupe la página siguiendo nuestra trayectoria lectora, de izquierda a derecha, de forma que el inicio de ella corresponde al punto de atención preferente de la vista. Luego ésta se desliza por el trazado de la supuesta Z. En las páginas impares, se produce una primera parada visual en el margen superior derecho, pero enseguida vuelve al izquierdo para tomar el camino habitual.

cerco Marco utilizado para el *recuadro*, formado por *filetes* u *orlas*.

chaflán *Cantonera*.

chibaletes Comodines destinados a guardar los tipos movibles.

chip Circuito integrado.

chupada Letra estrecha, *condensada*.

cyan Una de las cuatro tintas básicas de impresión. Absorbe las radiaciones rojas y refleja las verdes y azules.

cianocopia Prueba de imprenta en blanco y azul, conseguida por la previa exposición a la luz y revelado posterior de un papel fabricado con compuestos de hierro fotosensibles.

ciberespacio Espacio virtual generado por la informática. El término fue utilizado por William Gibson en 1984, en *Neuromante*, para denominar el mundo, generado por computadora, donde se desarrollan las aventuras de un *cowboy* cibernauta.

cícero Medida tipográfica con base duodecimal, formada por doce puntos. Elaborada por *Didot* en el siglo XVIII y aceptada en Europa continental, equivale a 4,51 mm, aproximadamente.

ciclostil Aparato multicopiador que utiliza el procedimiento permeográfico (ver *permeografía*). El texto se teclea en una máquina de escribir sin cinta, y queda grabado en un papel encerado, que deja pasar la tinta sólo a través de las zonas donde el grafismo ha levantado la cera.

cierre Referido a la información, sirve para designar su finalización o el fin de su proceso de producción. *Marco, recuadro.

cincografía Impresión *litográfica* (ver *litografía*) que utiliza *planchas* de cinc.

cinésica Estudio de los signos gestuales.

cinético Referido al arte, denomina dos modalidades que tienen la misma finalidad: provocar sensaciones de movimiento. Vinculado al futurismo y al constructivismo, se apoya en la percepción de la modificación de los espacios geométricos creados o en la de los cambios de color o luz. En ambos casos se consigue la ilusión de movimiento o tridimensional. Iniciado con los colores y formas de Mondrian, actualmente se resuelve de modo digital. Eusebio Sempere y José María Iturralde son dos ejemplos de esta modalidad. En el arte cinético participa el espectador, que con su propio movimiento percibe el de la obra. La diferencia con el *op-art* se encuentra en que éste sólo se apoya en la ilusión óptica.

cintillo Línea de texto al ancho de la página, a veces colocada en su cabecera junto al titular, pero sin formar parte de su contenido.

circuito de edición Cadena formada por el autor, diseñador, corrector, impresor y todos los que comparten la responsabilidad de publicación.

circulación Número de ejemplares vendidos de una publicación, que no siempre coincide con el de los integrantes de su *tirada*.

cita Mención de otro autor que se utiliza como apoyo de los argumentos propios del que recurre a ella. Suele recibir una configuración tipográfica distinta, para diferenciarla del resto del texto.

citocromía Impresión en

tetracromía realizada con planchas de cinc.

clarendon Letra perteneciente a las *mecanas*, diseñada por Besley. Fue la primera en acogerse a la Ley de Propiedad Intelectual del Diseño, en Inglaterra, en 1845. Lo acertado de su diseño hace que hoy sea utilizada en prensa.

claroscuro Técnica de efecto de luz que, aplicada a la composición, crea en ella zonas claras que destacan de las oscuras.

clásico En general, arte desarrollado en Grecia y Roma, entre los siglos VII a. C. y III d. C. Su influencia se mantiene vigente aún y se manifiesta en el uso del *canon áureo*, los trazados reguladores que crean equilibrio, la armonía de las partes de la composición y el uso de *color modelado*. *Definición que se aplica a una composición gráfica que presenta armonía y equilibrio, y parece ajustada a unas normas en busca de perfección.

clasicismo Efecto resultante de inspirarse en el arte clásico.

cliché Negativo fotográfico utilizado para la obtención de *formas*. *Cliché o clisé, plancha de *fotograbado* montada sobre el *zócalo*. *Algo que se repite hasta crear *estereotipo*.

clip-art Dibujos «prefabricados» que agilizan la realización de un gráfico informativo (ver *infografía*). Almacenados, manuales o digitalizados, pueden estar realizados por el mismo autor o por otro. Es preferible la primera opción, ya que conservan la unidad de estilo.

códice Libro manuscrito y encuadernado, antecedente del impreso. Ver *scriptorium* y *beato*.

codificar Asignar un código, es decir, unas normas que rijan el uso de cualquier materia. *Introducir en los lenguajes de programación informática las instrucciones que han de ser leídas por el ordenador. *Transformación de la representación de la imagen digitalizada para, por ejemplo, transportarla o hacerla ilegible para otros posibles usuarios del sistema.

cola Parte inferior de una letra, que corresponde al remate de su rasgo *descendente*.

colección Conjunto de ejemplares unidos por la misma temática, pero que se presentan independientes. Cada colección presenta un *estilo editorial* que identifica las diferentes ediciones.

colgada Modalidad de letra *capitular* que se presenta fuera del texto, a su izquierda y junto al *alinea-*

do de *entrada* de lectura. Éste se modifica, en toda la columna, con la sangría necesaria para la colocación de la capitular. La resolución se utiliza, generalmente, en publicaciones no diarias, con una estética definida.

colage Palabra de origen francés que define la acumulación y *yuxtaposición* de imágenes y materiales diferentes para obtener un conjunto único de gran fuerza plástica. La técnica fue practicada por el *cubismo*, el *surrealismo*, el *futurismo* y otros movimientos de principio del siglo XX que encontraron en ella una forma de expresión contra el orden establecido. *Fotomontaje*.

colofón Anotación final, en los libros, con la fecha y autor de la impresión.

color Impresión que capta la vista, originada por la luz reflejada en los objetos, y que produce sensaciones que agrupamos según estándares de color. Son colores primarios el rojo, el amarillo y el azul. Secundarios binarios, los obtenidos por la mezcla de dos primarios: anaranjado, verde y violeta. Terciarios, resultantes de la mezcla de tres o más. Los tres primarios originan un gris neutro. Complementario: el excluido de la mezcla de dos primarios; así, el complementario del rojo es el verde, del amarillo, el violeta, y del azul, el anaranjado. Los colores, entre sí, pueden presentar analogía (similitud tonal) o *contraste* (diferencias tonales). Ver *tono, valor, intensidad.*

color modelado Es el que acepta el cambio tonal para crear claroscuro.

color modulado El que presenta una composición como resultado de conseguir la sensación de claroscuro por el uso de *colores fríos* y *cálidos.*

color reclamo El de fuerte impacto visual, utilizado para llamadas gráficas.

color plano El que no presenta variaciones tonales.

colores cálidos Aquellos en cuya composición predominan el rojo y el amarillo. Producen la sensación de acercamiento.

colores fríos En contraposición a los cálidos, dan sensación de lejanía. Con las reservas propias de la relatividad del color, son aquellos en los que predomina el azul.

colorimetría Especificación numérica de un color.

colotipia Procedimiento litográfico (ver *litografía*) para la reproducción de ilustraciones, que utiliza una *plancha* recubierta de gelatina sensibilizada.

columna Espacio vertical resultante de la división equitativa de la *mancha* mediante *corondeles.* Ver *rejilla.* *Bloque de texto cuyo ancho de composición acepta la partición fijada de la página en espacios verticales. *Artículo de opinión, de un mismo autor, que se publica habitualmente, sujeto al espacio de columna asignado.

cómic Se ha impuesto esta palabra, aunque en español existen otras dos, *historieta* y *tebeo* (*TBO*, publicación española pionera del género, creada en 1917), que, además, definen su significado. Es narrativa dibujada que tiene su origen en las aucas o relatos escenificados a los que, después, se incorporó un texto en forma de pareado: dos versos que, situados debajo de la ilustración, le servían de apoyo. Las *didascalias*, a veces aleluyas, fueron el origen de las tiras cómicas. Ésta es la función de la historieta, aunque no la única. Dada su gran aceptación por todo tipo de lectores, se utiliza para el relato histórico y la divulgación de todo tipo de temas. El género, considerado como el noveno arte, ha desarrollado una expresividad propia. Sus diferentes estilos, tanto en imágenes como en texto, han creado un lenguaje introducido en publicaciones y también en publicidad de diferentes formatos, incluido el cartelismo. *Tebeo.*

comodines Elementos gráficos menores que adoptan diversidad de formas: rombos, ángulos, trazos, corazones, estrellas, flechas, etcétera. Se utilizan para llamar la atención del lector sobre pequeñas informaciones que, con ellos, quedan destacadas y ordenadas.

compaginar Ordenar en la página todos los elementos, según su valoración previa y siguiendo una línea estética. *Ajustar. Confección. Maquetación.*

complejidad Cualidad de una composición gráfica en la que confluyen abundantes elementos y ritmos diferentes.

componedor Utensilio que servía de soporte para aunar los tipos y formar las líneas de texto en la *composición* con tipos movibles.

componedora Máquina utilizada para la *composición* no manual. La primera de ellas fue la *linotipia.*

componer Reunir los signos gráficos y espacios necesarios, ajustados a medidas y estilo, para configurar estéticamente un texto antes de someterlo al proceso de impresión. *Ordenar las partes de un todo, de forma que guarden una relación jerárquica según una estética convenida.

composición Resultado de *componer.* Los diferentes recursos utilizados dan lugar a los sistemas de composición. Ver *manual, linotipia, dactilocomposición, fotocomposición, telecomposición* y *composición digital.* *Conjunto formado por los elementos constitutivos de un proyecto gráfico.

composición digital La realizada en ordenador mediante un programa de edición. Los caracteres digitalizados permiten dar inmediatez a la *configuración* deseada.

compuesto Se califica así el texto que posee una *configuración*, es decir, un tipo de letra y ancho de línea concreto, para diferenciarlo del texto original. Constituye la forma impresora.

compuesto al cuerpo Se dice del texto compuesto que respeta su interlineado natural, sin modificaciones.

condensado Modificación introducida en el diseño de una letra, que da como resultado su notable estrechamiento. *Estrecha. Chupada.*

confección Especialidad profesional que tiene como fin la colocación ordenada y estética de los diversos elementos gráficos, para lograr una comunicación óptima. Realización de la *maqueta*.

configuración Atributo que presenta un original al que se ha asignado un diseño concreto. *Formato*.

conflicto Situación creada por el empleo de elementos similares que, enfrentados en la misma composición gráfica, no crean ni armonía ni contraste y sí, como consecuencia, ven disminuida su efectividad.

constructa *Familia* de letras *romanas*, es decir con *patilla*, que mantienen igualdad de grosor en sus rasgos, libres de contrastes.

constructivismo Movimiento artístico que surge de las configuraciones matemáticas de Alexander Rodchenko y Vladimir Tatlin, en 1913. Utiliza el concepto «ingenieros-artistas». De gran influencia en la tipografía, practica el enfoque del diseño en ángulo recto, evidente en todas sus composiciones.

contorneo Término incorporado por los programas informáticos de diseño para designar la modificación en la alineación de un texto con el que quiere rodearse una imagen, o cualquier otro elemento de la composición. Hace referencia a la adaptación de un texto al perfil de una figura *silueteada*. Al utilizar este recurso es necesario dejar una calle blanca de separación entre los dos elementos. *Recorrido*. *Flujo*.

contracaja Lugar destinado a guardar los *tipos movibles* de poco uso o los pertenecientes a otro idioma. *Hacer contracaja es dejar un blanco para insertar luego en su lugar, por otro procedimiento distinto al usado en la composición, el elemento no disponible.

contrafibra Ver *xilografía*.

contramolde Cada una de las *formas* necesarias para la impresión a más de una tinta.

contraportada Última página de una publicación que, abierta ésta, se corresponde con la *portada*.

contrapunzón Con la referencia al *tipo movible*, es el espacio blanco que queda cercado por el *bucle* de la letra.

contraste Tensión creada entre los elementos de una página, en razón de su forma o color. Referido a éste, se produce por las diferencias tonales, bien entre tonos diferentes o entre el primero y el último de los tonos *análogos*.

contraste simultáneo Modificación de la percepción visual de un color, producida por la contigüidad de otro.

contratipo o **contragrafismo** Impresión en *negativo*, es decir, por blanco, en otro elemento de página, en un *fondo* o en el propio *soporte* de la impresión, que se deja ver en los espacios huecos.

copista *Amanuense.*

copyright Indica el derecho de exclusividad en la reproducción y propiedad de una obra.

corchete o **llave** Signo gráfico para aunar las líneas de un texto e indicar así su pertenencia a una subdivisión del contenido.

corondel *Calle* vertical, que marca la separación de las columnas de texto. Suele ser de un *cícero* de ancho. Es corondel ciego el que no posee ningún grafismo, y corondel visto el que presenta un *filete* central.

cornisa Línea de texto, colocada en la parte superior de la página, que sirve de pauta o seguimiento. *Cintillo* que tiene ese cometido.

corrales Círculos creados por los espacios entre palabras y líneas en un texto. Se perciben a simple vista y deben ser evitados, modificando el *espaciado*.

corrección de pruebas Revisión de un texto para evitar posibles errores o fallos. Realizada por el propio autor, corre el riesgo de no ser completa, aun aplicando las herramientas de los programas informáticos, ya que éstas no resuelven las dudas ortográficas ni de expresión.

corrector Especialista encargado de revisar las posibles incorrecciones de los textos, antes de su impresión definitiva. Su figura está siendo sustituida, en muchos casos, por la autocorrección en pantalla.

corte Parte del formato que se corresponde con el borde del margen derecho, en las páginas impares, y del izquierdo, en las pares.

cortesía Blanco, generalmente una hoja, que se deja en la apertura de un libro. También define a otros espacios en blanco.

cran Hendidura o canal que presentaba el *tipo movible* para facilitar su correcta colocación en la línea.

crisografía Uso del oro para las ilustraciones.

crisógrafo Nombre dado a los ilustradores de los códices y primeros impresos. Su trabajo consistía en realizar el grafismo, que después sería coloreado por otro especialista. Ver *scriptorium*.

croma *Color.* Su origen está en el cromo (metal gris claro), elemento integrante de la composición de las pinturas.

cromalín Prueba en color obtenida por procedimiento fotográfico.

cromo Pequeña estampa suelta que forma parte de un conjunto de ellas, unidas por el tema que las motiva. *Abreviatura de *cromolitografía*.

cronofotografía Técnica que reproduce en planos individuales una imagen en movimiento. Practicada a finales del siglo XIX, la incorporan el *futurismo* y los actuales diseños publicitarios.

cromolitografía Nombre dado, en 1837, por el impresor francés Godefroy Engelmann a la *litografía* realizada con varias planchas para la implantación de color en la imagen.

CTP *Siglas* de la traducción inglesa de *directo a plancha*.

cuadernillo Colección de cinco pliegos de papel, es decir, la quinta parte de una *mano*. *Publicación, con pocas páginas, anexa a la principal, en la que suele ir encartada (*encarte*).

cuaderno de campo Publicación con profusión de ilustraciones, algunas como bocetos, que incluye textos y anotaciones marginales para explicar o divulgar actividades desarrolladas en el medio natural.

cuadratín Espacio cuadrado que no imprime y origina un blanco. Tiene de lado el mismo cuerpo que la línea en la que se incluye.

cuartilla Cuarta parte de un *pliego*.

cuaterniones *Pergaminos* que permitían obtener 16 páginas de una sola piel.

cuatricromía *Tetracromía*.

cubierta Primera página que cubre el *cuerpo* de un libro. A veces lleva la protección de la *sobrecubierta*. En este caso, el planteamiento de ambas debe ser diferente. Por extensión, se usa indebidamente en publicaciones periódicas, al igual que *portada*, para designar a la primera página.

cubismo Movimiento artístico encabezado por Georges Braque, Juan Gris y Pablo Picasso, que surge en París en 1908 y que tuvo gran influencia en tendencias posteriores. Desde la perspectiva del diseño gráfico hay que anotar la descomposición del espacio y del objeto en módulos estructurales que muestran las diversas facetas percibidas por el autor. Abrió el camino al diseño *modular*. Aporta al diseño las tensiones de color y la estructura geométrica.

cuché Papel estucado, es decir, cubierto de una especie de barniz que anula las irregularidades y le proporciona el matiz y brillo deseados.

cuentahílos Lupa de gran aumento, para verificar *registros* y *tramas*.

cuerpo Con la referencia del *tipo movible*, es la medida de su *ojo* más el *hombro*. Altura total de la letra. Si se mide con el sistema didot, una letra de cuerpo 8 mide, incluyendo su hombro, 8 puntos de altura. Ésta será también la de la línea de texto compuesto al mismo cuerpo. *Tripa* de un libro. *Parte central de una información. *Calibre. *Cada uno de los grupos integrantes de la *máquina impresora*, encargados de imprimir un color en la tirada realizada en cuatricromía.

cursiva Letra inclinada. Ver *aldina*, *cancilleresca*, *itálica*, *bastarda*, *inglesa*.

D

dactilocomposición Composición de textos en máquinas de escribir especiales sobre material translúcido, dotadas de cabezales para marcar cuerpos y familias.

dadaísmo Movimiento iniciado por el poeta Hugo Ball en Zurich, en 1916, al que se unirían otros poetas y artistas. Lo que empezó, según palabras de Ball, como una arlequinada, proclamará la supremacía del hombre y parodiará los valores absurdos de una sociedad capaz de llegar hasta la guerra. Sus pioneros, en la plástica, fueron Marcel Janco, Hans Arp y Tristan Tzara. En los colages expresan, irónicamente, la locura mundial. Al movimiento se unen Sophie Tauber, Marcel Duchamp, Francis Picabiá, Man Ray, George Grosz y Raoul Haussman, entre otros. Proclama la tipografía en libertad.

daguerrotipo Placa de plata impresionada, por efectos fotosensibles, que conseguía una imagen única y en positivo. Supuso el primer paso dado en fotografía. Lleva el nombre de uno de sus autores, Jacques Daguerre, que trabajó en colaboración con Joseph Nicéphore Niepce desde 1829 hasta la muerte de éste. Niepce llamó *heliograbado* a esa imagen impresionada por efecto de la luz solar. *Estilo artístico que emula a aquellas placas.

De Stijl Título de la publicación que se convertiría en portavoz del grupo del mismo nombre, nacido en Leiden en 1917. Fundado por Doesburg, Piet Mondrian fue uno de sus teóricos, y su concepción geométrica del espacio influiría en el diseño impreso.

débil Aplicado al color, es la graduación de intensidad que le acerca a la claridad.

decollage Es un desmontaje de formas para conseguir una composición que actúe como crítica social. Transforma los objetos de consumo, mediante su deterioro, deformación o fragmentación o, en el caso de fotografías, su difuminado o semi-borrado, para, una vez conseguido este estado, incorporarlos a la obra artística.

definición Precisión del detalle de una imagen impresa o en pantalla. Ver *resolución*.

degradado Efecto conseguido en un *fondo* de color cuando se le somete a una progresiva disminución tonal.

densidad Grueso que presenta el *ojo* de una letra.

Der Dada Publicación cuyo título emula un balbuceo infantil, que sirvió de exponente y portavoz al *dadaísmo*. Tzara fue su fundador, y su primer ejemplar aparece en Berlín en 1919, tras el «Manifiesto Dadá», proclamado en 1918. La revista fue exponente de la aplicación de las teorías dadaístas a la tipografía.

derechos Datos legales de la edición, entre otros, número, registro, propiedad y traducción, que se imprimen, generalmente, en la primera página par del *cuerpo* del libro, llamada por ello página de créditos o derechos.

derechos de autor Facultad del autor para disfrutar de la propiedad de su obra.

descanterado *Filete* más fino que el cuerpo que ofrece. En la tipografía del plomo, línea que imprimía menos de lo que le correspondía por haber sido rebajado su canto o arista.

descendente Trazo de la letra minúscula, que rebasa, hacia abajo, la *línea base*.

desplazamiento Efecto

31

que se produce al encuadernar un folleto. Sus páginas exteriores e interiores tienen que guardar un margen (llamado de desplazamiento) adecuado para subsanar las diferencias de tamaño que experimentan por su superposición y doblado.

diagrama *Esquema* gráfico. *Infográfico con forma geométrica que permite establecer relación entre las respectivas particiones, correspondientes a los valores de los dos temas representados.

diagramación Realización del *esquema* de la página sobre la *rejilla* correspondiente. *Premaqueta*.

diapositiva Imagen en positivo, presentada en transparencia fotográfica.

diazocopia *Fotocopia* que utiliza soportes con compuestos diazoicos: pigmentos orgánicos fotosensibles que se descomponen por efecto de la luz, de manera que no forman colorantes impresores. La imagen se reproduce por la no descomposición de las partes no afectadas por la luz, correspondientes a las zonas opacas del grafismo. *Ozálida*.

didascalia Texto didascálico, didáctico, que solía apoyarse en una ilustración para facilitar la comprensión de su contenido.

didona Letra *romana moderna* diseñada en el siglo XVIII por los tipógrafos Didot y Bodoni. Su característica principal es la *patilla* filiforme.

Didot Apellido de la familia francesa de tipógrafos e investigadores que en el siglo XVIII y XIX aportaron diseños y proyectos. Uno de ellos, Francisco-Ambrosio, desarrolló el sistema de medidas con base duodecimal que lleva su nombre. Ver *punto* y *cícero*.

diegético Texto breve que sirve para establecer los eslabones de continuidad entre las *viñetas* de una *historieta*, supliendo así la falta de ilustración.

diezavo Casado de 20 páginas, 10 *blanco* y 10 *retiración*. Se puede hablar así de dozavo, dieciseisavo, dieciochoavo, con 24, 32 y 36 páginas, respectivamente. Ver *casar*.

difusión Hace referencia al número de lectores por ejemplar, que puede ser o no superior a la *circulación* y a la *tirada*.

digitalizar Convertir en *bits* una imagen o texto para su almacenamiento y tratamiento informático.

dinamismo Técnica de diseño que consigue dotar a la página de una sensación de movimiento ajustado a un ritmo.

díptico Publicación de cuatro páginas de las que pueden estar impresas sólo las dos enfrentadas y su reverso permanecer en blanco o, más usual, impresas las cuatro. La primera opción le confiere más refinamiento. *Dos tablillas, enceradas y enlazadas entre sí, utilizadas en la antigua Roma para la escritura.

directo Procedimiento que imprime directamente sobre el soporte. Por el contrario, es indirecto cuando lo hace primero en un cilindro de caucho, del que se transfiere la impresión al papel. *Modalidad de *grabado. Fotograbado.*

directo a plancha La composición y maquetación electrónicas, con la integración de todos los elementos de la página en pantalla, permiten cerrar el proceso de preimpresión con el sistema de filmación incorporada para, a partir de los datos digitalizados, incidir en la plancha e impresionarla según el procedimiento elegido.

directo a prensa En un avance tecnológico del proceso anterior, se consiguen grabar directamente las planchas en la prensa, en cilindros portaplanchas que, automáticamente, las sustituyen por otras, acortando así la cadena de producción.

diseño Dibujo que incorpora una idea con finalidad concreta. Trazos que definen una forma a la que incorporan un designio, un destino. En el diseño, la función del objeto es prioritaria a su presentación.

diseño gráfico Su finalidad es la comunicación a través del grafismo, utilizando para ello diversos soportes, formas y estilos, coordinados con las tendencias y técnicas disponibles en cada momento. Según el producto de que se trate, el diseñador debe planificar su trabajo y expresar su idea teniendo presente el destino concreto, es decir, el sector social o público receptor de su trabajo. El diseño gráfico es portador de mensajes que deben llegar de forma comprensible e inequívoca, dentro de la línea estética establecida también con los mismos objetivos.

distorsión Técnica que recurre a la deformación de la imagen para crear mayor dramatismo. El efecto de *ojo de pez* o aumento de la perspectiva natural consigue violentar la imagen para concederle mayor impacto visual.

distribución Reparto de los ejemplares de una *tirada.*

dithering Procedimiento para obtener efectos especiales en imágenes digitalizadas a baja *resolución*, con lo que los puntos imitan una mediatinta. Una reducción posterior de la imagen produce una imagen viva. Una ampliación produce el efecto de *pixelación*.

divisa Representación simbólica de una idea o de algo material, pero sin la finalidad de ejercer coacción con su mensaje.

doble página Plana constituida por dos páginas, par e impar, enfrentadas. A la hora de maquetarlas se tendrá en cuenta esta coincidencia, pues no existe ruptura entre sus dos *medianiles*.

doblete Repetición no deseada de palabras o letras, en la impresión.

DPI *Siglas* del enunciado inglés que corresponde a *pixel* por pulgada lineal. A veces se utiliza *PPP*. Si hace referencia a los integrantes de una pulgada cuadrada, sería DPSI, pero se ha generalizado ya el DPI o PPP para definir la *resolución* de la pantalla o de una impresora.

duerno Dos pliegos de 2 hojas y 4 páginas cada uno, impresos y metidos uno en otro.

E

ecdótica Técnica propia de la producción de libros.

edición Conjunto de ejemplares que se publican en un mismo periodo de tiempo. Si se trata de un periódico, son todos los ejemplares publicados en el mismo día y hora. Ver *reimpresión* y *nueva edición*.

edición de mula La que se adelanta a la fecha prevista, que aparece ya impresa en sus páginas.

editar Publicar. Hacer pública una información.

editorial Empresa que se dedica a editar. *Modalidad de artículo periodístico que manifiesta la opinión de la empresa, como grupo, y no la de un autor, razón por la que suele ir sin firmar.

egipcia Letra romana de *patillas* rectangulares y trazos uniformes. Aparece en Inglaterra hacia 1815. Llamada también *mecana* o de palo basado. Aldo Novarese (Italia, 1954) diseña una de las más representativas: la «Egizia».

ejemplar Publicación completa, con todos sus pliegos.

electrodifusor Mesa transparente con luz, para realizar el montaje de los *fotolitos* de páginas.

electrografía Impresión basada en la atracción que una carga electrostática ejerce sobre un *tóner* o tinta. Según el proceso, se trata de *fotoelectrografía*, *xerografía* o *permeoelectrografía*.

elegancia Cualidad que presenta una composición gráfica cuando en ella se perciben belleza y armonía, pero no se advierten los recursos utilizados para ello.

elevada Letra levantada, sin asentar en la *línea base*.

elzeviriano Nombre de los tipos diseñados para el impresor holandés Elzevir, en el siglo XVI, sobre la tipografía de *Garamond*. Se caracterizaban por su *patilla* triangular y dieron nombre a una de las familias romanas, según la clasificación realizada por *Thibaudeau*.

embalaje Caja. Soporte, generalmente de cartón, de formato tridimensional en el que el diseño debe considerar la lectura que va a hacerse por parte del receptor. Debe evitarse la ruptura en el tratamiento de las superficies y la independencia del mensaje transmitido en cada una.

embuchar Colocar los distintos cuadernillos que se adjuntan, unos dentro de otros.

empastelado Resultado de la alteración sufrida en el orden de colocación de líneas, letras u otros elementos tipográficos.

encabezamiento Contenido de la *cabecera* de página o de una información.

encarte Impreso independiente que se coloca dentro de otra publicación para facilitar la distribución.

encuadernación Acción de reunir los diversos cuadernillos o pliegos que constituyen un libro. Puede hacerse de forma manual o mecánica, mediante cosido, grapado, pegado y, de un modo menos riguroso, por medio de una máquina que efectúa los taladros para introducir un gusanillo o espiral. La encuadernación con *tapa* dura puede ofrecer *lomo* plano o redondo.

encuadrar Hacer un encuadre, es decir, delimitar un espacio concreto, dentro de una ilustración o fotografía, para proceder a su ajuste en página.

enfoque Efecto conseguido cuando la reproducción de una imagen se logra de forma clara y nítida. *Directrices de un proyecto gráfico.

engatillado-da Situación presentada por un elemento gráfico introducido en otro, del que desplaza el espacio que necesita para él. *Modalidad que puede presentar una *capitular* insertada en dos o más líneas de un texto, cuya altura es equivalente a la suma de ellas, de las que desplaza las matrices necesarias para su alojamiento. El resultado es el *recorrido* del texto afectado por esa intromisión. Así se habla, en el caso mencionado, de una capitular engatillada de dos líneas. Puede presentarse con un *fondo* o sin él. También puede ser engatillada con *contorneo*, es decir, aplicando esta posibilidad al texto que desplaza, que adaptará su alineación izquierda al lado derecho de la capitular. Llamada, también, insertada o parangonada.

engrapado Sujeción con hilo metálico que se practica en el doblez de un impreso formado por varias hojas. Forma parte del *manipulado*.

enlaces Rasgos de la letra que permiten su unión con otras de la palabra que constituyen.

entrada Lugar, dentro de la página, en el que se ini-

cia la lectura. Coincide con la parte izquierda, en nuestro alfabeto. *Lead.*

entradilla Texto breve con el que se introduce y justifica una información e, incluso, se da un avance de ella, pero no el resumen de su contenido.

entrefilete Breve información colocada entre otras de mayor extensión e importancia.

envase Recipiente de cristal, cartón, plástico o metal, portador de un producto de consumo. El diseño del mensaje impreso en su forma debe considerar ésta como soporte unitario de la imagen del producto y de la empresa. En el caso de ir protegido por un *embalaje*, el diseño de ambos debe tener coherencia y repetición para facilitar la identificación.

epígrafe Inscripción pública conmemorativa. *Pequeño *título* de una información.

epigráfico Diseño presentado por el *párrafo* de la modalidad *quebrado*, en el que las líneas alternan sus diferentes anchos, pero siempre van centradas, quedando desiguales por los lados.

epílogo Texto final con valor de resumen.

equilibrio Efecto visual producido por la colocación

de los elementos de la composición gráfica, cuando en ella se aprecia un centro de gravedad.

errata Error que corresponde al proceso de edición.

esbozo Apunte, poco concreto, de un proyecto gráfico. Tiene un carácter orientativo.

escalera Diseño presentado por el *párrafo* en el que las líneas tienen el mismo ancho, pero su alineación no es vertical sino inclinada.

escáner Aparato explorador de imágenes que convierte la energía luminosa que emana de ellas en señales eléctricas que se transforman en valores numéricos (digitalización), impulsos mecánicos (grabadores) o luminosos (insoladores).

escorzo *Boceto* de una figura, que presenta proyección o *perspectiva*.

escriba Profesional de la *escritura* manual. Los que dominaron esta técnica constituyeron una casta privilegiada en la cultura egipcia.

escripta Familia tipográfica llamada también «de escritura» porque en su diseño imita la manual, aunque no siempre la *caligrafía*. Se advierten dos tendencias básicas, la poten-

ciada por el romanticismo que resucita la *inglesa* (con los tipos victoriana e imperio), y la *manual*, según la clasificación de *Vox*, usada para rotulación y textos de las historietas. Todas de uso en el siglo XX.

escritura Transcripción gráfica de un lenguaje.

escuela centroeuropea Conjunto de tendencias de diseño, unificadas bajo este nombre, que elige la maquetación *modular* y el uso de diferentes tipografías para identificar las secciones informativas.

escuela neoyorquina Agrupa las pautas de diseño que defienden la ruptura en la uniformidad tipográfica. Alterna el uso de *redonda*, *negra* y *cursiva* para *titulares* y enfrenta letras *romanas* con *futuras*.

escuela suiza Estilo tipográfico surgido en Suiza después de la Segunda Guerra Mundial. Influido por la *Bauhaus* y el *neoplasticismo*, propone la planificación de la página, que queda estructurada en espacios modulares horizontales o verticales. Es el origen de la maquetación *modular* practicada por la *escuela centroeuropea*. Utiliza tipos *sin serif* y uniformidad de *cuerpos* y *gruesos*.

esgrafiado Efecto conseguido al grabar en paredes

grafismos que quedan incorporados a ellas por realizarse antes del fraguado o endurecimiento del material. Los esgrafiados propios de determinados estilos arquitectónicos han sido utilizado en el diseño gráfico como elementos sugerentes de entornos concretos.

eslogan Frase representativa de una idea con fines publicitarios. Puede argumentarse sobre algo verdadero o no. En el primer caso, sería un lema que busca justificación de cara al público. Se utiliza solo o con el apoyo de un *logotipo*, para reafirmar la *imagen corporativa*.

espaciado Espacio dejado entre palabras y entre letras. *Ajuste*. Los programas informáticos lo introducen automáticamente y admiten una modificación en función de las exigencias de *maqueta*. El espaciado óptimo entre palabras se sitúa entre la cuarta y quinta parte de la medida del *cuadratín* correspondiente al texto. El incorporado entre líneas se fía en dos *puntos* sobre el *cuerpo* del texto.

espacio en negativo Se indica así cuando las letras van huecas sobre un fondo negro que ocupa los espacios separadores.

espacio ilusorio Sensa-

ción *tridimensional* conseguida en una composición gráfica por el empleo de estructuras geométricas y combinaciones tonales.

espacio reservado Blanco de cortesía que se deja entre la línea de un *recuadro* y el contenido interior de éste, o entre dos elementos que presentan un *engatillado*.

español *Párrafo* justificado, con la última línea más corta y centrada.

española Letra caligráfica *redonda*, menos angulosa que la *inglesa* y con menos contrastes.

especular Referido a una imagen, que se presenta invertida y necesita de un espejo para su correcta visión. Son especulares las formas impresoras de los procedimientos de impresión *directos*.

espesor Referido a la letra, es su *densidad*.

espontaneidad Cualidad que ofrece la aplicación de una técnica de diseño basada en la aparente falta de planificación de los elementos.

esqueleto *Tipo* excesivamente delgado. En realidad se trata del trazado más simple que permite identificar el diseño de la letra.

esquema Boceto que incluye la relación y vinculación de los elementos, manifestando ya la estrategia a seguir. *Gráfico que permite acceder visualmente a la parte oculta de las imágenes, como, por ejemplo, el despiece de los componentes de una maquinaria. *Premaqueta.

esquinazo Cantonera o chaflán.

estampa Ilustración impresa fuera del texto, en página independiente. *Nombre dado a las representaciones icónicas de figuras sagradas.

estampa digital Imagen impresa obtenida por un proceso informático. Partiendo de imágenes digitales, el creativo consigue alteraciones en las formas y colores para lograr una composición pictórica en la que no hay participación analógica hasta el momento de su transcripción en el papel.

estampación Procedimiento seguido para reproducir una ilustración. Se utilizan planchas de diferentes materiales y propiedades. Últimamente se incorpora la tecnología digital.

estándar Referido a una publicación, se corresponde con su tamaño cuando está en torno a los 45 × 65 cm o, incluso, los supera. Llamado también formato sábana. *Estándar de color es lo que se acepta como referencia del mismo.

estarcido Calado practicado en una máscara de cartón o metal, a través del que pasa la tinta para reproducir un dibujo. *Forma impresora de la serigrafía.

estereolitografía Nueva técnica de estampación digital que permite imprimir formas tridimensionales.

estereotipia En la impresión en relieve, con plomo, el procedimiento que permitía convertir una plancha plana, formada por una o múltiples piezas, en una sola, semicilíndrica, para adaptar a la rotativa. Flan.

estereotipo Teja. *Por extensión de su función, lo que resulta repetitivo hasta convertirse en modelo aceptado.

estética Estudio de las condiciones que rigen la belleza. *Presentación que ofrece una composición gráfica que respeta las pautas de belleza establecidas para su resolución. *Estética de lo feo, paradoja que explica lo convencional que resulta unificar los diferentes conceptos de belleza.

estilo Conjunto de rasgos que caracterizan a una persona, a un grupo o la obra desarrollada por ellos. Permite identificar al autor y clasificar su composición. *Herramienta punzante con la que se escribía sobre tablillas enceradas, en las culturas antiguas. La forma de usarla por cada *escriba* confería matices comunes a todos sus rasgos. De aquí viene el origen del significado actual. *En el lenguaje informático, la palabra, con minúsculas, hace referencia a la posible variación de una letra, es decir, a la opción de convertirla en *negra*, *cursiva*, etcétera. Con mayúscula, Estilo se refiere al conjunto de elementos que pueden usarse para configurar el texto. *Formato*.

estilo editorial Conjunto de características básicas que definen el perfil del diseño de una publicación. Son todos los valores tipográficos que, con su continuidad, unifican la imagen de los distintos ejemplares de una *cabecera* o *colección*. Así, el *formato*, estilo de cubiertas o primeras páginas, *carta cromática* y tipo de letra, entre otros.

estrategia Planificación del sistema a seguir para alcanzar un objetivo concreto. En el proyecto gráfico, su trazado precede al diseño.

estructura Hace referencia a la disposición de la página o soporte, y a lo que constituye su armazón o esqueleto.

estucado Papel *cuché*.

estuchado Presentación que ofrecen algunas publicaciones que se distribuyen protegidas por una funda transparente.

etimología Estudio del origen de las palabras. Su conocimiento ayuda al diseñador gráfico en la búsqueda de efectos visuales.

ex libris Pequeño grabado que, incorporado al libro, lo identifica con su dueño.

expandida Modificación introducida en el diseño de una letra que da como resultado un ensanchamiento de su *ojo*.

exponente Traducción hecha del término inglés «exponent». Debe usarse en su lugar, *elevado-a*.

expresionismo Concepto acuñado por Herwarth Walden, en la revista *Der Sturm*. Surge en 1885 con el deseo de plasmar la soledad del hombre ante sus propios problemas. Los contrastes violentos, imágenes monolíticas y gestos distorsionados son técnicas que se aplican también al cartelismo de las primeras décadas del siglo XX. Tuvo especial desarrollo en Alemania, donde, a partir de 1905, con la formación del grupo «El Puente», se convierte en una corriente de oposición a lo establecido, en una crítica a la despreocupación burguesa y al militarismo. George Grosz, Oscar Kokoschka y Otto Dix son representativos de una larga lista de expresionistas.

F

facsímil Reproducción idéntica del original.

faja Banda de papel, con texto promocional o datos concretos, que envuelve al impreso para facilitar su difusión.

faldón *Pie de página*. *Módulo de publicidad de tamaño variable, según fije la publicación, que va colocado en ese lugar.

faldones Pequeños módulos de publicidad que se aúnan formando un bloque a todo lo ancho del *pie de página*.

familia tipográfica o **familia** Conjunto de letras con las mismas peculiaridades de diseño, cualquiera que sea su *cuerpo* y *serie*. En función de ello se establecen las siguientes: *góticas, romanas, caligráficas, futuras, escriptas, orladas* y *de fantasía*. Ver *Thibaudeau* y *Vox*.

fantasía *Familia tipográfica* que agrupa a todos los diseños no identificados por las demás familias, al poseer unas características difíciles de homologar. Son letras inspiradas en otras escrituras o producto de la imaginación de su creador, para contextos muy concretos.

fantasma Imagen que, aunque muy débil, aparece en la impresión sin tener su correspondencia en el diseño original. La impresión fantasma se debe, generalmente, al traspasado de tintas en el apilado de ejemplares.

fanzine De los términos ingleses fan y *magazine*, es decir, revista de aficionados. Publicación hecha por los entusiastas del tema que trata, de *distribución* aleatoria y excluida de cualquier tipo de control o registro legal.

fascículo Publicación que corresponde a una fracción de una obra, que se verá completa con la entrega sucesiva de todos los que la integran.

fauvismo Movimiento encabezado por Henri Matisse que agrupa a diferentes pintores unidos, en 1905, por la convicción de considerarse ajenos a las técnicas del postimpresionismo y totalmente independientes, en el sentido de no copiar a otros. Después conectan con el *expresionismo* alemán y se funden en el *cubismo*. Su nombre procede del concepto que se les asignó (de «fauve», fiera) por su postura agreste o salvaje respecto al estilo establecido. En ellos se aprecia la autonomía del color, que pasa a ser el elemento principal.

fax Tele*facsímil* o telefax. Reproducción idéntica de cualquier contenido gráfico, transmitido por línea telefónica. La técnica, de origen japonés, fue difundida desde 1984.

ferro Prueba positiva, obtenida de los negativos y realizada en un papel cubierto de sales férricas que se transforman en ferrosas, azules, por efecto de la luz ultravioleta. Es una *cianocopia* del *astralón* para su corrección, previa a la obtención de la *plancha*.

figura fractal Es la que sugiere la misma forma entera que fraccionada. Ejemplo: una rama de pino mantiene la forma del mismo árbol del que procede.

figurativa Imagen en la que se percibe el mundo

real por el trazado de sus elementos.

filete Línea de diferente diseño y grosor que se utiliza como elemento gráfico para separar, subrayar y recuadrar las informaciones. Pueden ser rectos, ondulados, continuos, discontinuos, sencillos y múltiples, formando, en este caso, conjuntos que dan lugar a los llamados *caña*, *mediacaña*, *milrayas*, *puntilleado*, *bigote*, *luto* y *descanterado*, según su configuración.

filigrana Marca identificativa del papel que sólo se percibe mirándolo al trasluz. Llamada también *marca al agua*, su uso se inicia en el siglo XIII.

filmación Transferencia de un montaje a papel fotográfico o película. Obtención del *fotolito*.

filmadora Máquina, conectada al ordenador, que recibe de él la página terminada y la transfiere a un soporte fotográfico, del que se obtendrá la plancha impresora.

fina Tonalidad mínima, habitual, que puede presentar una letra. Si está por debajo, será extrafina; y si es más fuerte, será seminegra o *negra*.

flan Cartón de gran resistencia, en cuya composición entraba el amianto, utilizado para la obtención de la teja en el procedimiento de la *estereotipia*.

flexografía Procedimiento de impresión en el que la forma, constituida por caucho, goma u otro material flexible, presenta sus zonas impresoras en relieve. Llamada también impresión a la *anilina*.

floreal Estilo artístico surgido a finales del siglo XIX. De su influencia en la tipografía es muestra la obra de William Morris y sus bellas ediciones inspiradas en los códices medievales, con adornos tomados de la naturaleza.

florete Papel de acabado muy blanco y lustroso.

florón Grafismo, generalmente con forma de flor, que puede grabarse en el lomo de un libro.

flou Efecto fotográfico que sugiere un difuminado de la imagen.

flujo Trayectoria *justificada* o *recorrido* realizado por el texto de una composición.

foliación Numeración de las páginas.

foliar Numerar las páginas de una publicación.

folio Mitad de un *pliego* (22 × 32 cm). *Número que corresponde a cada página.

folletín Pequeño folleto. Su origen está en la colocación de textos y relatos, no informativos, en el *faldón* de los periódicos, muchas veces para poder ser cortados y guardados, dando lugar a una publicación menor. *Las características específicas de las novelas publicadas en esas entregas, intriga, dramatismo y situaciones rebuscadas, ha dado lugar al género literario que lleva este nombre.

folleto Impreso que no posee más de 48 páginas.

fondo Impresión destinada a soportar otra encima. Puede presentarse sin *trama* (fondo masa) o con trama, pudiendo ser ésta uniforme o *degradada*.

fonograma Representación gráfica de un sonido. *Letra* del alfabeto.

forma Referida a la impresión, matriz, de una o varias piezas, capacitada para, en las zonas que se corresponden con el grafismo, recibir y transferir la tinta al soporte. Así presenta zonas impresoras y no impresoras. Su peculiar disposición y características definen los distintos procedimientos de impresión: *calcografía*, *electrografía*, *flexografía*, *permeografía*, *planografía* y *tipografía*. En los procedimientos planográficos y, por extensión, en todos, también se denomina *plancha*.

formato El uso de este galicismo se ha impuesto sobre el de su equivalente español, *tamaño*. Se refiere al que ofrece el soporte gráfico que, en realidad, determina también su forma. Referido a periódicos, puede ser *arrevistado*, *tabloide*, *berlinés*, *sábana* y *neoyorquino*. *Según la relación entre las medidas de su base y de su altura: cuadrado, francés (cuando es vertical) e italiano (horizontal o apaisado). *Existen diversas propuestas de unificación de medidas para papeles de uso general. La UNE (**U**na **N**orma **E**spañola) adopta la DIN, alemana, y ambas se apoyan en la ISO (Organización Internacional de Normalización). Los diferentes tamaños se obtienen, sucesivamente, partiendo por la mitad el lado mayor, que da la medida al menor siguiente, que conserva como mayor el menor del anterior. Así, si el folio mide 22 × 32, el cuarto medirá 22 × 16, y el octavo, 11 × 16 centímetros. Dentro de la tabla de tamaños unificados, los más comunes son el A-1 (594 × 841 mm), A-2 (420 × 594), A-3 (297 × 420), A-4 (210 × 297) y A-5 (148 × 210). Los tamaños de uso comercial son el folio (22 × 32), holandés (22 × 28), medio holandés (22 × 14) y octavo español (11 × 16). *El lenguaje de los ordenadores ha introducido esta palabra con el significado de dar forma, definir las características de un texto, para lo que parece más acertado usar *configuración*. *Formatear un soporte o un disco es también inicializarlo (expresión incorrecta que, en este caso, debe sustituirse por ser iniciado: el disco resulta iniciado para su función).

fotocomposición Sistema de composición de textos que utiliza la técnica fotográfica, partiendo de unas matrices almacenadas en película o de forma digital. El último avance incluye la tecnología LED (dispositivo emisor de luz).

fotocopia Reproducción fotográfica. *Fotoelectrografía*.

fotoelectrografía *Electrografía* directa en la que la tinta es atraída por los materiales fotoconductores del soporte.

fotograbado Procedimiento fotoquímico seguido para la obtención de una plancha impresora, metálica y en relieve, partiendo del negativo de una imagen. Puede ser directo o de medios tonos, conseguido con la intervención de *tramas*, y *de línea*, resultante de omitirlas. Este último sólo aporta blancos y negros, sin modulación tonal. Ver *fotografía*.

fotografía Técnica de reproducción de imágenes que se inicia con la realizada por Joseph Nicéphore Niepce, en 1826. Fue posible gracias a la existencia de la cámara oscura y el descubrimiento de que las sales de plata se oscurecían por efecto de la luz. Junto a Niepce, otro francés, Jacques Daguerre, el inglés Fox Talbot y Charles Gillot hicieron posible la evolución de la técnica hasta conseguir su presencia en las páginas de los periódicos como *fotograbado*. El de línea aparece definitivamente en la prensa francesa en 1872, y el directo, ocho años más tarde, en el *Daily Graphic* de Nueva York, el 4 de marzo de 1880. La aplicación de la fotografía en los sistemas de composición y en los procedimientos de impresión agilizó la producción de publicaciones. Su utilización se incorpora a técnicas creativas como el *fotomontaje*, *hiperrealismo* y *decollage*.

fotografía digital Obtiene imágenes sin la intervención de película, las descompone en puntos y almacena en una memoria magnética.

fotolito Película o transparencia obtenida fotográficamente que, en los procedimientos de *hueco* u *offset*, equivale al *cliché* tipográfico. También llamado *tipón*.

fotolitografía Técnica litográfica en la que el dibujo es transferido a la piedra litográfica por el proceso de copia fotográfica, en lugar de hacerse en ella directamente.

fotomecánica Operaciones fotográficas necesarias para conseguir la reproducción gráfica en las planchas de los diferentes procedimientos de impresión.

fotomontaje Técnica artística que incorpora la fotografía al *colage*, consiguiendo que los distintos elementos superpuestos ofrezcan un todo homogéneo. Desarrollado a partir del *dadaísmo*, sus iniciadores fueron George Grosz y Raoul Hausmann. En el fotomontaje, la realidad se yuxtapone con lo absurdo. Desde 1960 incorpora las nuevas técnicas de manipulación fotográfica, y posteriormente, las digitales.

fotomontaje biográfico El conseguido con imágenes digitalizadas, de superposición múltiple, para obtener una composición.

fotonovela Publicación que reproduce un relato apoyado en la filmación de escenas secuenciales. Los diálogos utilizan la técnica de las *historietas*.

fotoperiodismo Técnica que utiliza la *yuxtaposición* de fotografías para, junto con los textos correspondientes, crear un montaje gráfico de fuerte impacto visual. Se aplicó a la propaganda política hecha desde la prensa, en el periodo de entreguerras.

fotopis Técnica desarrollada por El Lissitzky, consistente en la utilización de la luz para impresionar grafismos sobre papel fotográfico. El uso del rayo luminoso sustituye al del pincel o lápiz.

fotopolímeros Material plástico utilizado para las planchas de impresión, maleable, ligero y de superficie sensible a los efectos fotoquímicos.

fotorrealismo *Hiperrealismo.*

fototipia Procedimiento basado en la litografía que utiliza como forma un cristal recubierto de una gelatina bicromatada que se insola bajo un negativo. Las zonas claras y oscuras de éste alteran la gelatina fotosensible, creando gránulos acuosos y grasos, repelentes y receptores de tinta. El resultado de la reproducción, practicada actualmente, tiene una connotación nostálgica, ya que recuerda a las antiguas postales monocromáticas que, en su momento, se obtuvieron así.

fractura Nombre que también recibe la letra *gótica*.

fragmentación Técnica seguida para el diseño de una composición gráfica en la que sus elementos se presentan dispersos o aislados.

fraile Zona que queda sin imprimir por un error o pliegue del papel.

francés *Párrafo* con *alineación* de *entrada* y *salida*, pero *sangrado* respecto a su primera línea, que es más larga.

frottage o **frotamiento** Técnica practicada sobre soportes pictóricos con textura gruesa que queda al descubierto por la fricción, incorporándose de esta forma a la composición gráfica. Su iniciador fue Max Ernst, que la aplica a sus *colages.*

fuente El lenguaje informático ha incorporado este término para designar las *familias* tipográficas y sus *series. Póliza. Fundición.*

fundición Surtido del mismo diseño de letras. Su uso procede de cuando éstas se obtenían por fundición de la *aleación tipográfica.*

fundido Término cinematográfico que define la sobreimpresión de imágenes cuando, como en aquel medio, una escena parece deslizarse sobre otra.

futura Letra de *paloseco*, sin remate o apoyo, diseñada por Paul Renner en 1927. Aconsejada por la *Bauhaus*. *Da nombre al grupo de las *sin serif*.

futurismo Movimiento artístico renovador proclamado por Marinetti en 1909. Propone el fin de la armonía tipográfica y su misión de potenciar la expresividad de la palabra. Con este objetivo se integran en los *colages* fragmentos de periódicos y tipografías.

G

gaceta Publicación periódica, monográfica y, generalmente, de pocas páginas. *Nombre de los primeros periódicos surgidos en Europa en el siglo XVII.

galerada Primera prueba impresa del texto, para su corrección.

galvano *Cliché* utilizado en el procedimiento tipográfico. *Reproducción, en cobre, de un grabado o página completa. *Galvanotipia*.

galvanotipia Procedimiento seguido para la reproducción de *planchas* mediante recubrimiento de capas de metal por electrólisis, en otro material.

gama Conjunto de las distintas tonalidades de un color.

ganancia de punto Fenómeno que hace que las tramas grises superiores al 20 por 100 parezcan más oscuras por efecto de la impresión litográfica. Pérdida de punto se da en el caso de las inferiores al 20 por 100.

garalda Letra *romana antigua*, clara y elegante, diseñada, en el siglo XVI, por *Garamond*, autor también de la letra que lleva su nombre, y Aldo Manuzio.

Garamond, Claude Grabador e impresor (París, 1500-1561). Perfeccionó las letras *humanas*, aumentando el contraste entre sus trazos y afinando las patillas. Sus diseños fueron muy apreciados en su época y, posteriormente, han sido revisados para su utilización en los sistemas de *fotocomposición* y *digital*.

geométrica Se dice de la *perspectiva* conseguida por la progresiva reducción de los elementos de la composición gráfica.

giga Abreviatura de gigabyte. Equivale a 1.024 *megabytes*.

gill Letra de la familia de las *romanas*, diseñada en 1928 por Eric Gill (1882-1940), autor de otros caracteres de aceptación mundial, como los perpetua y joanna.

globo *Bocadillo*.

glosa Comentario o explicación que se hace de palabras poco conocidas. *Llamada*. *Nota*.

glosario Catálogo de términos de uso poco común, con su explicación. *Comentario hecho, al final de un texto, que define los vocablos, posiblemente poco conocidos, utilizados en él.

gofrado Impresión sin tinta que crea un relieve en el soporte. *Papel gofrado es el que presenta relieves.

gota *Botón*.

gótica Llamada también *fractura*, *medieval* o *monacal*, por sus orígenes. Letra caligráfica que se corresponde con la arquitectura ojival, en la que se inspira. Fue utilizada desde el siglo XII hasta el XVI y, por lo tanto, fundida para los primeros impresos. En ellos se imita a la caligrafiada y se detectan cuatro estilos: «textura», sin curvas; «de forma», vertical, angular y estrecha; «de summa», con trazos ya suavizados, y «rotunda», con predominio de líneas curvas. Esta última fue la más utilizada en España.

gótico Arte dominante en Europa occidental entre los siglos XII y XV. Aporta al diseño el uso de ornamentos, orlas y la inclusión de miniaturas y efectos vitrales (pertenecientes a las vidrieras).

grabado Imagen reproducida en la plancha impresora y, también, la ya impresa.

grabado de línea Que carece de tonalidades. Obtenido sin *trama*.

grabado directo o **de semitonos** Conseguido con la intervención de *tramas* que le conceden los medio tonos.

gracia Remate de la letra, pie, serif, patilla.

grafía Signo o conjunto de signos con que se representa un sonido.

gráfico Elemento dibujado, ilustración, fotografía,

representación no textual de un mensaje.

grafismo Signo original o estampado.

grafista Nombre con el que también se denomina al diseñador gráfico.

graffiti o **pintada** Expresión escrita en lugares públicos. De dimensión variable, puede ser un signo, una palabra o una frase. Es un discurso gráfico del que su autor tiene la certeza de su recepción.

gramaje Peso del papel, en gramos por metro cuadrado.

granear Desgastar. Preparación de *planchas* para algunos procedimientos de reproducción.

grifa Letra cursiva diseñada por Francesco Griffo para Aldo Manuzio. *Aldina*.

gris Elemento *acromático* que tiene una importante función en el diseño. Sus tonalidades se consiguen con los diferentes porcentajes de negro. A mayor porcentaje, los puntos negros de la trama son más grandes y el tono gris más oscuro, y a la inversa.

grotesca Letra *de palo seco* y *gruesa*. La primera fue diseñada en el siglo XIX y dio nombre a la familia que agrupa a sus variedades posteriores.

gruesa Letra que presenta un *ojo* más ancho que la *redonda*.

guadamecí Cuero usado para encuadernaciones de lujo de estilo mudéjar, trabajado para conseguir relieves.

guardas Hojas de unión entre las cubiertas y el cuerpo del libro.

guía Plantilla con trazados indicativos para ajustar el montaje del *astralón*, en *offset* y en *huecograbado*.

guillotinado Pertenece al proceso de *manipulación*. Es el corte de los pliegos impresos por medio de una máquina diseñada para este fin.

Gutenberg Su nombre fue Johannes Gensfleisch, y el de Gutenberg lo toma de una propiedad paterna. Nació entre 1395 y 1399. En 1424 ya hay constancia de que vivía en Estrasburgo. Murió, arruinado, en 1468. Se le atribuye, de forma inexacta, la invención de la imprenta, cuando en realidad ya existía el arte de imprimir en *xilografía*. Conocedor de esta técnica, y al igual que habían hecho otros, intentó componer textos con letras construidas en madera, pero los resultados no fueron satisfactorios. Como orfebre, oficio que practicó desde su juventud, sabía fundir y trabajar los metales. Su gran aportación es la obtención de letras, tipos, formados por una aleación (ver *plomo*), y unos moldes o matrices creados por él mismo, por medio de unos punzones. Estos punzones llevaban grabado, en relieve, el signo del que se obtendría el molde o matriz. Por percusión, llegaba a reproducir en el metal un hueco igual al del punzón. Una vez vertida la aleación en el molde tomaba la forma de éste y, ya fría y solidificada, se obtenía el *tipo*, que presentaba gran resistencia y durabilidad y podía ser reutilizado múltiples veces. El *tipo movible* metálico fue el gran invento de Gutenberg, la gran revolución cultural y técnica que, junto a la escritura, ha llegado hasta el presente. Los diferentes tipos eran guardados en *cajas tipográficas* y seleccionados para *componer* los textos a reproducir. Aunados tipos y líneas, completa la página, constituían la *forma* impresora en relieve. Colocada en una *platina*, recibía la tinta con una muñequilla y, sobre ella, el *soporte*, *pergamino* o *papel*.

Sólo faltaba accionar el tornillo de una prensa de vino, adaptada a su nuevo uso, para que la plancha de presión apoyara sobre el soporte, facilitando así la transferencia de la tinta, retenida en las zonas altas de la forma, repetidoras de los grafismos a reproducir. Los *tipos*, terminada su misión impresora, volvían a las *cajas* para ser reutilizados. En caso de deterioro por el uso, podían refundirse. Después de obras menores, impresas por ese procedimiento entre 1444, año en el que ya trabaja en Maguncia (Mainz) perfeccionando su proyecto, y 1450, en que se asocia con el banquero Fust, se edita el que se considera primer libro impreso con tipos movibles, la Biblia Mazarina, o de las 42 líneas, que ve la luz en 1456, en la citada ciudad alemana. En ese momento, Gutenberg ya no pertenecía a la sociedad de Fust, por lo que acomete el trabajo de una nueva edición de la Biblia, la llamada de las 36 líneas, fechada en 1461. En Mainz existe un museo que recrea el trabajo de Gutenberg.

H

hebdomadario Debe utilizarse en su lugar el término semanario.

heliograbado Grabado conseguido por efecto de la luz solar. Por extensión, grabado de planchas fotosensibles.

helvética Letra *sin serif*, equilibrada en su *ojo* y ancho, que ofrece una *legibilidad* óptima. Identificada con la *escuela suiza*, fue diseñada en Zurich, en 1957, por Max Miedinger.

hilo Dirección que siguen las fibras del papel. Así resulta el grabado al hilo o a contrahílo, según se haga siguiéndolas o cortándolas perpendicularmente. *Xilografía* al hilo.

hiperrealismo o **fotorrealismo** Realismo crítico, surgido hacia 1965, que conecta con el *arte pop*. Con el lema «más verdadero que lo real» presenta una nueva figuración de la realidad para mostrar que todo es distinto de como se nos aparece ante la vista. Recurre a la reproducción fotográfica, hecha a gran escala, de personas, entornos y objetos.

historieta Relato dibujado, estructurado generalmente en *viñetas* secuenciales. En ella confluyen texto e ilustración, aunque puede carecer del primero, dando lugar a la historieta muda. El lenguaje es expresivo, rico en *onomatopeyas* y transcripciones fonéticas, con gran cantidad de signos gráficos para dar énfasis a los diálogos, que suelen ir encerrados en *globos* de diferentes formas. Grafismos, *iconos*, texto e ilustraciones buscan el *sincronismo*, que obliga a depurar la técnica del autor. Todos estos recursos pueden ser utilizados en el diseño de carteles. Ver *cómic, tebeo, diegético*.

histograma De una imagen digitalizada, es la curva que representa en ordenadas los posibles niveles de gris, para proceder a su manipulación y mejorar sus contrastes.

hoja Porción de pliego. Una hoja consta de dos páginas que corresponden a su derecho y envés.

holandesa Hoja de papel que mide 22 × 28 cm.

holografía Técnica desarrollada por Denis Gabor, en 1973. Permite obtener imágenes *tridimensionales* que pueden reproducirse sobre diversos soportes, como papel y plástico.

holograma Escultura hecha de luz, privada de solidez y tactilidad.

hombro En la cara superior del *tipo movible*, el espacio que no queda impreso por estar en un nivel inferior al signo en relieve. Llamado también rebaba.

hueca Letra de la que sólo se imprimen sus perfiles, quedando en blanco el resto del *ojo*. *Vaciada*.

hueco o **huecograbado** Procedimiento de impresión en el que la forma presenta sus zonas receptoras de tinta en un nivel infe-rior a las no impresoras. *Calcografía*. *Rotocalcografía*.

huérfana Primera línea de un *párrafo* que resulta ser la última de la página o de la columna de texto anterior. Hay que intentar evitarlo.

humanas Familia tipográfica, en la clasificación de *Vox*. Corresponde a las letras romanas inspiradas en la escritura humanística que, a su vez, había resucitado la cancilleresca. Son *romanas* de amplios remates, antecesoras de las *garaldas*.

I

Ibarra, Joaquín (Zaragoza, 1725-Madrid, 1785). Considerado como el más insigne impresor español. Lo fue de cámara, de Carlos III, y de la Real Academia. Tipógrafo, investigador y erudito, llevó a su taller a dos de los mejores calígrafos, José Eduardo María Pradell y Jerónimo Antonio Gil, que diseñaron, en exclusiva, las series peticano, misal, parangona y lectura, entre otras. Algunas sirvieron de inspiración para tipografías del siglo xx. Entre las más de dos mil quinientas obras impresas por Ibarra, destaca la edición de *El Quijote*, que se corresponde con la número 27, en la que colaboraron los ilustradores y grabadores más destacados del momento.

icono Representación de una imagen con la que mantiene semejanza.

iconografía Total de imágenes representativas de un tema o figura.

ideograma Idea dibujada. Gráfico que representa un concepto.

iluminador Artífice que daba color a las ilustraciones de los manuscritos antes de la invención de la imprenta. Aplicaba también los panes de oro. *Miniaturista*.

iluminados *Códices* que tenían aplicaciones de oro.

ilustración Expresión gráfica que acompaña a un texto. *Imagen* reproducida que se corresponde con un dibujo, una fotografía o un *fotomontaje*.

imagen Figura o escena reproducida o que hay que reproducir.

imagen corporativa La expresada por el conjunto de grafismos, *logotipo* e *ilustraciones*, que hacen posible el reconocimiento óptico de una empresa.

imagen de identidad *Logotipo*.

imagen real Definición convencional que se aplica a las imágenes *analógicas*, es decir, a la representación de objetos en soportes *isomorfos*, no magnéticos.

imagen textual Se integran en ella los elementos propios de la escritura, letras, palabras o fragmentos de textos. Con ellos se consigue la composición de figuras. Aplica también la técnica del *fotomontaje* y el *colage*. Ver *caligrama*.

imagen virtual Imagen digitalizada, reproducida sin soporte *analógico*, que aparenta ser real pero no lo es.

imposición Referido a la página, acción de aunar todos sus elementos, incluidos sus márgenes y medianiles. *Ajustar*.

imprenta Nombre genérico que se da al lugar donde se practica el arte y oficio de *imprimir*, y también a la propia actividad. Ver *Gutenberg*.

impresión Resultado de la acción de *imprimir*. Procedimiento usado para realizarla. Su clasificación se establece según la predisposición de la *forma* impresora a la recepción de la tinta para reproducir los grafismos. En relieve, con formas que reciben la tinta en sus zonas elevadas (*xilografía, tipografía, tipoffset, fotopolímeros, flexografía*). En hueco, cuando la tinta se deposita en sus hendiduras, dotadas de *alvéolos* con diferente profundidad de los que es absorbida por el papel (*calcografía, rotocalcografía*). Planografía, cuando las zonas impresoras y las no impresoras se encuentran en el mismo nivel y la tinta es retenida o rechazada por el principio de repulsión entre grasa y agua (*litografía y offset*). Con formas permeables (*serigrafía*). Por procedimientos electrostáticos (*electrografía*).

impresión digital Denominación global de complejas tecnologías concurrentes que, partiendo de archivos digitales, una vez cerrado el trabajo de edición en pantalla, disponen de capacidad para convertir los datos digitales en señales de mando para impresionar las *formas* directamente y obtener la reproducción inmediata por cualquier procedimiento. Frente a la impresión tradicional, ofrece la misma rentabilidad para cualquier *tirada*.

impresionismo Estilo artístico surgido en Francia en 1860. Analiza la naturaleza, en lugar de materializarla, para presentarla en todos sus matices coloristas destacados por la vibración de la luz. Puede percibirse, en el color, la presencia del sol y de la atmósfera.

impresora *Máquina impresora.*

impresora de inyección En ella la tinta es lanzada hacia el papel por dos procedimientos. En el térmico, los inyectores responden a impulsos eléctricos, productores de flujo de calor. En el sistema piezoeléctrico, basado en las propiedades de algunos materiales que se deforman por efecto de una corriente eléctrica, la tinta se ve presionada y proyectada por la deformación de los cristales alojados en el cartucho.

impresora láser Combina la tecnología de la *electrografía* y del *láser*. Éste proyecta la imagen, descompuesta en puntos, en un tambor fotoconductor, creando una imagen latente que se revela con tinta cargada electrostáticamente.

impresora matricial Crea las letras por medio de puntos generados por una aguja que presiona la cinta entintada contra el papel.

imprimir Reproducir en un soporte mediante la intervención de una *forma*.

incisa Familia de letra con mínimo contraste entre sus rasgos y con patilla imperceptible. La optima, diseñada por Hermann Zapf en 1958, es una de las más representativas del grupo.

incunable Impreso perteneciente al siglo de la imprenta y, por extensión, a los cien años siguientes a la aparición del *tipo movible*.

índice Enumeración o listado de los temas tratados en una publicación, con la referencia de su página correspondiente.

indirecto Referido a los procedimientos de impresión, aquellos en los que la impresión se efectúa primero en un cilindro *portamantilla*, del que es transferida al papel.

infográfico Información desarrollada en forma de gráfico, con apoyo de elementos tipográficos, textuales e icónicos, realizada a mano o por procedimiento informático.

informalismo Nombre genérico dado en Francia, en 1945, que agrupó al *tachismo*, *art brut* y otras tendencias coincidentes.

inglesa Letra que emula a la de escritura desarrollada en el país a que hace referencia. La diseñada por Firmin Didot (París, 1764-1836) es una de las más representativas.

inicial Llamada también *capitular*. Letra especialmente cuidada, que marca el comienzo de la lectura del texto.

inicializar Dar *formato* a un disco u otro soporte. En su lugar debe usarse, preparar o iniciar. El disco es iniciado para poder realizar su función de grabar.

insertada *Capitular engatillada*.

insoladora Aparato que emite el tipo de luz necesaria para la obtención de *formas*, mediante la interferencia del *cliché* o *fotolito* que corresponde a la página. La luz pasará con distinta intensidad por sus zonas más o menos claras, determinándose así las zonas impresoras y no impresoras, según las características precisas de la *forma*, que corresponden a cada procedimiento de *impresión*.

intensidad En el color, define el grado de su pureza, que se modifica con la incorporación de diferentes escalas de gris. A mayor intensidad, el color resulta más vivo, y a menor, más apagado.

interactividad Prestación que ofrece un sistema informático que realiza lo ordenado por su usuario, dando la respuesta en tiempo real.

interlineado Espacio reservado entre dos líneas de texto.

introducción Texto del autor, en el que explica el contenido de su obra.

invertido Impresión en negativo. *Espacio en negativo*. *Especular*. En prensa se denomina foto invertida a la que se reproduce con sentido cambiado. Por ejemplo, si se trata de una figura, mirando hacia el lado opuesto en que se presenta en el original. Es un recurso empleado en maquetación.

isomorfos Se dice de los elementos que poseen la misma *estructura* formal.

isotipo Así llamó a sus tipos-pictográficos Otto Neurath. Diseñados en 1927, aspiraban a ser un lenguaje visual universal, basado en signos gráficos.

ISBN Siglas del código numérico que permite la identificación mundial de un libro impreso.

ISSN Siglas del código numérico de identificación de títulos de publicaciones de diversa periodicidad y carácter.

itálica Letra *cursiva*, diseñada en Italia. *Aldina*.

J

jerga Expresiones lingüísticas propias de una actividad concreta. No confundir con *argot*. En este diccionario se aportan términos que pertenecen a la jerga de la edición y del diseño.

juntar Aproximar las letras, forzando su separación normal.

justificado Efecto conseguido al modificar el *espaciado* en las líneas para que guarden la *alineación* elegida. Puede hacerse de forma manual o automática.

K

k Abreviatura de kilobyte. Equivale a 1.024 *bytes*. En la acepción de byte como *carácter* equivale a 1.024 caracteres.

kitsch Término creado en Munich, en 1860, que dio nombre a una tendencia artística autodefinida como antítesis del arte y falsificadora de los sentimientos auténticos.

Köening, Friedrich (Alemania, 1774-1833). Desarrolló lo que supuso la innovación técnica más significativa después de Gutenberg, una prensa mecánica que imprimía *blanco* y *retiración*. Ver *máquina impresora*.

L

ladillo Pequeño titular, orientativo de lectura, introducido en la *columna* de texto mediante interlineado previo u otro recurso separador.

lágrima *Botón.*

lámina Estampación independiente que, si pertenece al *cuerpo* del libro, ocupa una página.

láser Luz coherente, cuya energía es diez mil veces mayor que la no coherente o habitual. *Acrónimo* de su definición: luz amplificada por emisión estimulada de radiaciones. Sus propiedades se utilizan para el diseño y la edición, y se aplican para exploración de originales, lectura de datos, selección de colores, digitalización, grabado de planchas y reproducción.

lead En su lugar debería usarse el término *entrada.* Breve texto que encabeza la información y aporta su resumen noticioso. Este extracto debe diferenciarse tipográficamente del resto de la composición.

lectora Máquina capaz de reconocer un contenido gráfico y transcribirlo a otra para su posterior tratamiento. *OCR.*

lecturabilidad Posibilidad que ofrece un texto de ser comprendido en su contenido.

legibilidad Facilidad que presenta un texto, por su configuración, para ser leído. Viene dada, principalmente, por la *proporción* y *armonía* entre el *cuerpo* de la letra, la claridad de su diseño y el ancho de la línea.

lema Breve texto original, o tomado de otro autor, que resume el espíritu de una obra. *Frase o palabra que sirve de guía o de contraseña, con una finalidad táctica y apoyada en lo verdadero.

lenguaje gráfico Codificación establecida en el uso de los elementos y recursos tipográficos que confiere orden de valoración en los mensajes. Expresión que incorpora una publicación por medio de la *tipografía* y el *diseño.*

letra *Fonograma. Carácter.* Signo que representa un sonido empleado para hablar. Es el elemento básico de la comunicación escrita. Se obtuvo después de un largo proceso de abstracción que arrancó del signo pictográfico (ver *pictograma*). En su versión impresa se conoce como *tipo*, y sus diferentes diseños permiten clasificarlas en *familias tipográficas*, inspiradas en las distintas *caligrafías*.

Letraset Caracteres transferibles autoadhesivos para la *composición* manual personalizada. Su nombre es el de una de las marcas que comercializaron el sistema.

levantada Modalidad de letra *capitular* que mantiene *alineación* con el texto, pero es de un *cuerpo* mayor, sobresaliendo su altura sobre las demás letras de la misma línea.

leyenda Texto explicativo de un gráfico. *Pie.

libro de estilo Conjunto de normas que velan por el mantenimiento del perfil de una publicación, tanto en su texto como en su diseño.

ligadura *Enlaces* entre letras que, por ir frecuentemente juntas, se fundían en un solo *tipo*. *Politipo.

línea Espacio horizontal con la altura del cuerpo de las letras que pueden aunarse en él, formando renglones para componer un texto. *Trazado. *Fotograbado* llamado también de línea.

línea base Se corresponde con una línea imaginaria en la que se asientan las letras y signos, tanto escritos a mano como impresos. Se toma como referencia el apoyo de la «x» minúscula. Los rasgos que la sobrepasan hacia abajo son los *descendentes* y las *colas*.

lineal Letra de *paloseco*, *sin serif*. Puede ser modulada, que recuerda en sus trazos a las romanas (antigua oliva, diseñada en Francia por Rogar Excoffon, en 1967), y geométrica, que ofrece su forma más simple y esquemática. Esta última modalidad fue la utilizada por la *Bauhaus*. La más representativa de ellas es la *futura*, nombre con el que también se conocen todas las lineales. *Grotesca. Helvética.*

lineatura Número de líneas **p**or **p**ulgada (LPP) que determinan la densidad de la retícula utilizada para obtener las *tramas* fotográficas. Es importante conocer la calidad del soporte para determinar la lineatura adecuada. La más utilizada para los procesos de impresión está entre 65 y 150 líneas por pulgada. Cuando el arte final va a ser reproducido en papel prensa o fotocopiado, bastará con una trama de 65 a 85 líneas. Si va en papel *estucado*, será de 120, 133 o 150 líneas. A mayor número de líneas por pulgada, más finos y menos apreciables serán los puntos de la trama.

lineómetro *Tipómetro.*

linotipia Máquina desarrollada por Ottmar Mergenthaler para la fundición y composición de líneas completas de texto. Supuso un gran avance en la producción impresa, pues sustituyó a la composición manual. Se utilizó en la prensa desde 1886.

litografía *Planografía* directa. Su inventor (Aloys Senefelder, Praga, 1796) utilizó una piedra calcárea como *forma*, sobre la que se dibujaba con un lápiz graso. Una humectación posterior de la piedra establece zonas no impresoras según el principio de repulsión entre grasa y agua. La tinta, grasa, sólo es retenida por el grafismo del lápiz, que ha rechazado la humedad presente en el resto de la superficie. Es el origen del *offset*.

llamada Anotación aclaratoria que se añade a un texto. Se coloca a *pie de página*, mediante un asterisco o número, que se corresponde con el insertado en el lugar preciso de la *cita*. También pueden ubicarse todas las llamadas, numeradas, al final del capítulo, o aunadas en las últimas páginas del libro. *Glosa. *Nota.

logograma Discurso expresado por un grafismo, sin correspondencia fonética y sin necesaria referencia a su significado. Ejemplo: «$», signo gráfico identificativo de dinero.

logotipo Tipografía convertida en imagen con valor identificativo. Su origen está en el *politipo*. Puede ser un nombre propio o un *acrónimo* y, además, puede estar acompañado de algún otro elemento gráfico.

lomo Parte de una publicación opuesta al corte.

Ludlow Diseñador de la primera máquina componedora y fundidora de grandes tipos para titulares, que lleva su nombre. (Chicago, 1916).

luminosa Aplicado a la *perspectiva*, define la aérea que consigue efecto de profundidad por el progresivo enfriamiento de los colores.

Lumitype Nombre de la primera fotocomponedora comercializada con éxito. Su creador fue Charles Peignot. Empezó a utilizarse, en la prensa europea, en 1957.

luto *Filete* de grosor superior a seis *puntos*. Es semiluto el de tres puntos, por lo que, generalmente, se admite la definición de luto a partir de los cuatro puntos.

M

maculatura Pliego manchado o estropeado.

magazine Publicación periódica, no diaria, que «almacena»; de ahí su nombre: en francés, la información recogida desde su anterior *salida*.

magenta Color de una de las tintas básicas usadas en la impresión, que absorbe las radiaciones verdes y refleja las rojas y las azules.

mancha Espacio, dentro de la página, en el que se produce la impresión. *Caja* con impresión.

mancheta *Cabecera* identificativa de una publicación. La integra, principalmente, el *logotipo* creado para identificar su nombre.

mandril Cilindro en el que se enrolla el papel *bobina*.

manipulado Proceso de transformación que puede sufrir el papel, anterior o posterior a su impresión, por ejemplo, un corte previo o un plastificado final. Generalmente incluye *guillotinado*, *plegado*, *engrapado*, *encarte* y *encuadernación*.

mano Vigésima parte de una *resma*. Equivale a 5 cuadernillos, es decir, a 25 pliegos.

manual Aplicado a la composición, sistema que consiste en aunar a mano los elementos constitutivos de un texto.

manuales Familia tipográfica, en la clasificación hecha por *Vox*. Imitan a las letras escritas.

mantilla Recubrimiento de tejido y caucho de un cilindro (portamantilla) interpuesto entre el cilindro portaformas y el de presión. El portamantilla recibe la impresión, que transfiere al papel. Así se amortigua el golpe contra la *forma impresora* contribuyendo a su conservación y a una impresión más limpia, incluso con papeles de baja calidad. Propia de los procedimientos *indirectos*.

mapa de bits Es sinónimo de imagen digitalizada. Conjunto de puntos que la integran.

maqueta Planificación gráfica del trabajo que se apoya en una *rejilla*, representativa de la página, para facilitar la previa colocación ordenada de sus elementos, ajustada a su valoración. Queda así totalmente configurada la página.

maquetación Realización de la *maqueta*. *Confección*.

máquina impresora Mecanismo construido para hacer posible la transferencia de tinta al soporte, mediante una *forma*, en el proceso de reproducción. La primera, empleada por *Gutenberg*, fue una prensa de uva para el vino, adaptada a su nueva función de ejercer presión entre el papel o pergamino y la *forma*, es decir, los textos compuestos por medio de *tipos movibles*, fundidos en metal. Su diseño corresponde a la impresora de plano (forma impresora plana) contra plano (presión hecha por un plano, accionado por un tórculo, que «presionaba» sobre el *soporte*). La impresora de Gutenberg siguió usándose sin apenas modificaciones hasta 1798, año en el que C. Stanhope le incorpora una palanca para facilitar el manejo. Es la «prensa de brazo». El tercer avance técnico incorpora, ya en 1814, la tecnología de la máquina de vapor y un cilindro para ejercer la presión. Es la máquina de «cilindro contra plano», diseñada por *Köening*. Una auténtica revolución de la que se hace eco *The Times* en la primera página del ejemplar obtenido por el nuevo sistema. El siguiente paso fue la incorporación de un cilindro portaplanchas, que se hicieron semicilíndricas con la *estereotipia*, dando lugar a la máquina impresora de cilindro contra cilindro o rotativa, desarrollada por H. Marinoni entre 1844 y 1846. La primera fue instalada en *The Times* en 1866. La rotativa incorpora también papel continuo o en bobina. Hoy, las de prensa se adaptan a los procedimientos de impresión para conseguir mayor calidad y rendimiento en las tiradas.

marca Señal fijada, acordada para comunicar una información identificativa.

marca al agua Denominación impropia, ya que no interviene el agua en su obtención. *Filigrana*.

marcas de registro Cruces o trazos que se sitúan en las distintas planchas de una página para hacerlas coincidir en la impresión. *Registro*.

marco Cerco que se pone a un texto o gráfico. *Recuadro*.

margen Espacio en blanco, concedido dentro del tamaño de la página, que rodea a la mancha. Margen de cabeza (correspondiente a la *cabecera*), laterales (de *lomo* y de *corte*) y de *pie de página*. La forma tradicional de fijar los márgenes en el libro es usando la proporción ternaria: partiendo del margen de corte concede al de lomo la mitad de su medida, al de cabeza, una mitad más de la medida conseguida por el de lomo, y el doble de éste al de pie. En prensa, la partición clásica concede al de lomo la mitad del de corte y se mantienen iguales los de cabeza y pie, en un tamaño, aproximado, equivalente a vez y media el de lomo.

margen perdido Indicación que advierte de la utilización del margen para prolongar una foto o fondo hasta el límite del papel. En este caso diríamos que el elemento invasor va *a sangre*.

marmosete Adorno gráfico con que se rematan capítulos.

masa *Fondo* no tramado, sin *trama*.

máscara Pantalla que sirve para ocultar la parte que no quiere reproducirse de una fotografía. *Cliché* utilizado para el recubrimiento parcial de un área, para su modificación tonal. **Capas*, los programas informáticos de tratamiento de imágenes ofrecen la posibilidad de utilizarlas en pantalla.

mate Que carece de *brillo*.

matiz Sensación tonal.

matriz Molde del que se

obtiene la *forma impresora* o el *tipo* para la *composición*. Por extensión se denomina así a las letras configuradas para su impresión.

mecana Letra llamada también «de palo basado», por sus fuertes rasgos uniformes y su remate rectangular. Diseñada para la publicidad, en el siglo XIX. *Egipcia*.

mediacaña Elemento tipográfico formado por un *filete* y un *luto*.

medianil Espacio blanco vertical que separa las páginas contiguas. *Márgenes* de lomo de dos páginas enfrentadas (*par* e *impar*).

medieval Relativo a la Edad Media. *Nombre que también recibe la letra *gótica*.

medio tono *Grabado directo*.

megabyte Medida de *memoria* de ordenador que equivale a 1.024 k.

memoria En el lenguaje informático, capacidad de almacenamiento de información. Este almacenamiento puede ser a corto plazo, RAM, o a largo plazo, generalmente para almacenar programas o documentos.

merma Pliegos de papel desperdiciados en la impresión.

Merz Nombre de los colages de Kurt Schwiters, realizados desde 1918, en los que utiliza material de desecho. Merz es un nuevo lenguaje en el que participan tipografías recogidas de fragmentos de publicaciones. *Título de la publicación, realizada por él y Hausmann, en la que se recogen las tendencias artísticas y tipográficas del momento.

mesa de luz Dotada de una superficie translúcida e iluminación interior, se utiliza para el trabajo con material reproducido fotográficamente y para el *montaje* de los *clichés*.

metalenguaje Lenguaje usado para potenciar o incidir en otro. El lenguaje tipográfico es metalenguaje porque incorpora al lenguaje escrito valores nuevos.

milrayas Conjunto gráfico integrado por varios *filetes* paralelos. *Azurado*.

miniaturista Encargado de dar color a las ilustraciones en los códices. Su nombre viene del uso del minio como base de las tintas.

minúsculas También llamadas de caja baja por su posición en la parte baja de las *cajas tipográficas*. Son las utilizadas habitualmente en la composición de textos. En la palabra «Minúscula», la letra «M» es mayúscula y las demás minúsculas.

mochuelo Palabra o letras que han «volado», desapareciendo de la impresión, por error.

modem Acrónimo de su definición: modulador y demodulador. Aparato que realiza estas funciones para transformar señales *digitales* en *analógicas* o viceversa.

modernas Letras romanas con máximo contraste de rasgos y patilla recta y filiforme. Diseñada a finales del siglo XVIII, la más representativa es la *didona*.

modernismo Movimiento artístico desarrollado a principios del siglo XX, de gran influencia en arquitectura, bellas artes e impresos, dejando su huella en tipografía y cartelismo. Representa la transición entre el *impresionismo* y el *expresionismo* y se caracteriza por el simbolismo decorativo aplicado a las publicaciones.

moderno Párrafo *alemán*.

modular Tipo de *maquetación* que ordena la información en bloques horizontales o verticales preestablecidos.

módulo Espacio concertado para el diseño de

anuncios y su inserción en las páginas de los periódicos. Cada uno los fija en función de su formato.

molde *Matriz, forma impresora.*

monacal Letra desarrollada en los monasterios, para la escritura de los códices. Se corresponde con la letra *gótica*.

mono *Cuadratín* de 12 puntos didot.

monograma *Sigla* con diseño identificativo. *Logotipo.*

monotipia Fundidora de *tipos* grandes destinados a la *composición* posterior de líneas para titulares. Se debe a Tolbert Lanston, en 1889.

monstruo Presentación visual de un proyecto gráfico, previa al proceso de producción, que se corresponde con la imagen que adoptará una vez impreso. Es una muestra para el cliente.

montaje Efecto de organizar y *ajustar* los elementos constitutivos de la página.

muaré o **moaré** Efecto de aguas, no deseado, que se produce al superponerse dos tramas de *fotograbado* cuando no se han ajustado bien los *ángulos de trama*.

mural *Cartel* destinado a ocupar vallas o grandes superficies expuestas a la mirada pública. El procedimiento de impresión usado, generalmente, es la *serigrafía*.

murciélago Palabra que, por incluir las cinco vocales, es usada como referencia, compuesta en diferentes *cuerpos* y *familias*, para el *cálculo de original* y *calibrado de texto*.

N

naif Estilo encabezado por Henri Rousseau que se considera libre de influencias y que busca la expresión plástica primaria, la más cercana a la realizada por pueblos primitivos o manos infantiles. Su obra resulta ingenua y lírica y se ve reflejada en composiciones tipográficas.

negativo Reproducción que presenta los tonos invertidos respecto al *original*. **Contratipo.*

negra o **negrita** Variedad tonal alta, que puede presentar una letra, superior a la *redonda* y la *seminegra*.

neoplasticismo Dentro de las tendencias geométrico-constructivas practicadas por *De Stijl*, Piet Mondrian, en 1917, propone la partición en espacios horizontales y verticales y el uso de los colores primarios (ver *color*) y *saturados*, además del negro, el gris y el blanco. Sirvió de inspiración al diseño propugnado por la *Escuela suiza*.

neoyorquino Formato de un periódico, más estrecho que el *estándar* pero igual de alto.

neutralizado Se dice del color que cambia su matiz al ser mezclado con negro, tornándose más oscuro.

neutro *Acromático.*

notas Textos de diferente longitud que aclaran o amplían el contenido de una información o de un libro. En éste pueden situarse a *pie de página* o en los laterales de la *caja*. Se configuran con un cuerpo menor que el usado para el texto principal. *Glosa.* *Llamada.*

novocentismo Estilo surgido en Italia, hacia 1922, como reacción al futurismo. Busca la tradición entre los valores nacionales. En España tuvo gran repercusión en Cataluña, donde motiva un lenguaje gráfico populista y expresivo de la identidad catalana.

nueva edición Reimpresión de una obra con modificaciones en su contenido. Reedición.

Nueva tipografía Llamada también tipografía elemental. Es la surgida de los movimientos artísticos renovadores de principios del siglo XX: *constructivismo, dadaísmo, futurismo, Bauhaus* y *suprematismo*. Se da a conocer, en octubre de 1925, a impresores y técnicos a través de una revista para profesionales escrita por Tschichold. Proclama la ruptura con la alineación establecida, la composición gráfica *asimétrica* y los *contrastes*. Utiliza tipos *sin serif*, que considera idóneos para reflejar la «belleza útil».

número Referido a publicaciones periódicas, indica el orden que les corresponde de acuerdo con la fecha de su salida. *Ejemplar* numerado.

número cero *Ejemplar*, no *venal*, editado como avance de una publicación. Sirve a modo de ensayo y se utiliza como muestra para posibles anunciantes y para sondear la opinión de los lectores potenciales.

O

OCR Siglas de su definición: **r**econocimiento **ó**ptico de **c**aracteres. Se trata de un sistema que explora, identifica y transforma un texto original en texto digital, capaz de ser entendido por una máquina *componedora*. Ver *lectora*.

octavilla Tamaño de papel que corresponde a la octava parte de un *pliego*. Mitad de *cuartilla*. *Impreso de este tamaño usado para *publicidad* o *propaganda* con una amplia y fácil *difusión*.

octavo Pliego de 16 páginas.

offset *Litografía* indirecta. La impresión se realiza en un cilindro de caucho, desde el que es transferida al papel. Es el procedimiento más utilizado en la impresión de publicaciones. Las *formas* están constituidas por planchas de cinc, aluminio o polimetálicas, sensibilizadas o cubiertas de una gelatina *fotopolímera* y preparadas para reaccionar a un proceso fotoquímico. De esta forma, mediante la acción de una *insoladora*, los negativos de la página, colocados sin invertir, alteran las características físicas y químicas de la plancha en las zonas por donde ha pasado la luz.

Esta alteración determina las zonas impresoras, receptoras de tinta grasa, y las no impresoras, que retienen el agua. Con la incorporación de la tecnología digital se agiliza este proceso. *Directo a plancha, directo a prensa*. *Las *rotativas* de offset pueden presentar la modalidad de «caucho contra caucho», en la que no existe cilindro de presión, ya que ésta se ejerce por conjunción de los dos cilindros *portamantillas*, entre los que pasa el papel; y la modalidad satélite, planetaria o múltiple, que dispone de un solo cilindro de presión para las formas que coinciden en él. La tercera posibilidad es la ofrecida por la *prensa* con un *cuerpo* para cada uno de los cuatro colores de impresión, en la que es frecuente la dotación de uno más para la incorporación de un barniz último o de una tinta especial.

offset seco Procedimiento de offset en el que se evita el proceso de humectación. Las señales de grabación de plancha, en los sistemas digitalizados, donde hay grafismo «levantan» la silicona, repelente a la tinta grasa, quedando inalterada en las zonas no impresoras.

ojo Se corresponde con el grafismo de la letra impresa. Es lo que se lee. Ver *tipo movible*.

ojo de pez Tipo de distorsión óptica, conseguida por procedimientos mecánicos o digitales, que produce un ensanchamiento central de la imagen.

onomatopeya Imitación de un sonido expresivo por medio de una palabra, que intenta transcribirlo.

opacidad Cualidad del papel que evita la transparencia de tintas, conservándose limpia la cara opuesta de la impresión. En la de *blanco* y *retiración* es cualidad imprescindible.

op-art o **arte óptico** Aparece en la década de los sesenta, dentro de un estilo que agrupaba como «nueva tendencia» a diversos autores y grupos. Juega con colores y formas geométricas que crean estructuras con efecto tridimensional. La ilusión óptica de movimiento se consigue por la superposición de estructuras repetidas, el contraste blanco-negro alternante y otros recursos que incidieron en el diseño de tipografías y carteles.

opistógrafo Impreso por las dos caras.

ordinario *Párrafo* justificado de entrada y salida, excepto la primera línea, que se inicia con *sangría*.

orejas Espacios situados a ambos lados de la *cabecera* de un periódico en los que se sitúan pequeños avisos.

orfismo Tendencia artística surgida en Francia en 1911, basada en el *dinamismo*, *simbolismo*, uso de colores primarios (ver *color*) y círculos que forman bandas concéntricas.

original Ilustración o texto que aspira a ser impreso y que aún no tiene una configuración precisa.

orla Conjunto gráfico, integrado por varias líneas u otros elementos, que tiene como finalidad destacar una información siguiendo una estética determinada. Así, las hay lineales, formadas por la combinación de filetes rectos; geométricas, con la incorporación de estas formas; floreadas, con adornos inspirados en la naturaleza; clásicas, inspiradas en los diseños grecorromanos; barrocas, en consonancia con este estilo, y de fantasía, dibujadas según la creatividad del autor para una ocasión concreta. *Recuadro.

orlada Letra que incorpora profusión de adornos a su trazado. Propia de los *códices*, fue recuperada por el movimiento *Arts and Crafts* y utilizada con profusión por el *modernismo*.

Llamada también *romántica*, aunque, en este caso, es letra inclinada, de escritura.

ozálida Prueba positiva, hecha en un papel sensibilizado y partiendo de un fotolito positivo, anterior a la obtención de la forma impresora. Su nombre lo debe a una de las marcas comerciales del papel utilizado. **Diazocopia.*

P

página Conjunto de líneas que forman una plana. Espacio que se corresponde con el tamaño de la publicación. Cada una de las dos caras de una *hoja* integrante de un pliego. Ver *recto* y *verso*.

página par En una publicación, todas las situadas a la izquierda.

página impar Las situadas a la derecha.

paginación Foliación, numeración de páginas.

paleotipo Impreso anterior a la invención del tipo movible.

palimpsesto Pergamino escrito y borrado (raspado) para ser reutilizado. Se recurría a este procedimiento cuando escaseaban las pieles de animales.

paloseco Letra *sin serif*.

panfleto Publicación de pocas páginas, generalmente de una hoja, que se utiliza para *propaganda*.

paneles Soportes de comunicación gráfica, de formato medio, variable según su ubicación, que sirven de apoyo a cualquier tipo de información.

pantalla Malla, *forma impresora* de *serigrafía*. *Estarcido.*

pantone Planchas de offset formadas por dos capas de cobre y una, intermedia, de cromo. *Uno de los nombres comerciales de la carta de colores, dentro del sistema de codificación internacional.

papel Soporte de impresión conseguido a partir de la celulosa de fibras naturales, trapos viejos y papeles de desecho. El obtenido de éstos es papel reciclado, aconsejado para mayor protección de los bosques, principal fuente de celulosa, y no presenta blanqueado. Tampoco el llamado ecológico que evita así el vertido de residuos contaminantes. Existen diversos acabados y gruesos. Puede presentarse en *pliegos* y en *bobina* (papel continuo, enrollado en el *mandril*). El papel destinado a la edición presenta diferentes características, adecuadas a cada uno de los procedimientos empleados para ella. Puede ser *estucado* o no, liso o rugoso, con *brillo* o *mate*, pero en cada caso debe poseer los atributos que faciliten un buen *acabado*. Ver *Tsai-Lun, acabado, calibre, gramaje*.

papel prensa Llamado así porque su destino es, principalmente, la impresión de diarios. Puede ser alisado de máquina, es decir, de lisura normal, o *satinado*, con la superficie más lisa y brillante. Su *gramaje* suele estar entre los 52 y 56 gramos por metro cuadrado. Debe ofrecer *opacidad* por las dos caras y *resistencia* en la *rotativa*. Se presenta en *bobina*. El acabado corresponde a los procedimientos en uso. Para *huecograbado* debe ser suave, liso y no muy encolado para poder absorber la tinta fluida. Para tipografía debe ser blando, y si lleva ilustraciones (*fotograbado*), estucado. Para offset ha de estar bien encolado para resistir la presencia del agua litográfica, aunque admita variaciones en otros aspectos, ya que la impresión indirecta es más tolerante con las calidades de papel.

papiro Primitivo soporte de escritura obtenido de la planta del mismo nombre que crecía en las orillas del río Nilo. Su uso es anterior al año 2000 a. C. y se extiende hasta el siglo VII después de Cristo.

paquete Total de texto compuesto que configura un determinado contenido. *En la composición tipográfica, conjunto de líneas de *plomo* formado hasta por 2.000 matrices, que se ataban mediante cuerdas para facilitar su manejo por los ajustadores.

parangonada Letra *capitular engatillada*.

parangonar Alinear letras de *cuerpos* diferentes.

pardo Referido al color, es el conseguido por la mezcla de negro y rojo con algo de amarillo o naranja.

párrafo Módulo de texto que tiene significado por sí solo. Integrado por una o varias líneas. En este caso, puede presentar diferentes configuraciones: *alemán, bandera, epigráfico, español, francés, pie de lámpara y escalera*.

pase Continuidad de un tema en otra página. Salto o vuelta del texto. Al lector se le indica como «pasa a...».

pastel Matiz conseguido

por un color después de ser mezclado con blanco. *Efecto provocado por la superposición o descolocación de distintos elementos tipográficos. *Técnica de ilustración manual que utiliza lápiz con base de yeso o caolín.

pata Columna de texto que cuelga del bloque al que pertenece, por ser más larga que las demás, invadiendo el espacio contiguo a otra información.

patilla Remate de una letra, terminación, gracia, *serif*.

pecia Primera copia, manuscrita, que servía de muestra para la aceptación de su contenido y poder ser multiplicada en el *scriptorium*.

peliculado Texto, generalmente breve, impreso sobre un fondo tramado. Utilizado para *epígrafes*.

perfil Rasgo que corresponde al contorno de una letra o figura. *Detalles que definen la forma o carácter de una publicación.

perfilado Efecto de destacar el perfil de una figura o grafismo con algún recurso adecuado para ello o eliminando, simplemente, el entorno realizando un *silueteado*.

permeoelectrografía Modalidad de reproducción que combina la *electrografía* y la *permeografía*.

pergamino Soporte de escritura para los códices y luego para los primeros impresos. Obtenido de piel de bovino, debidamente preparada, su uso, anterior al siglo v a. C., se intensificó en Pérgamo y continuó hasta el siglo xv.

permeografía Impresión realizada a través de una pantalla que ofrece zonas permeables a la tinta. *Serigrafía. Estarcido.*

perspectiva Forma de representar una imagen, de modo que se aprecie su situación o colocación real. La mirada puede proyectarse desde distintos puntos, originando diferentes perspectivas. Puede ser aérea (la figura incorpora su entorno y se da una representación de ella dentro de éste), caballera (la figura parece vista desde lo alto de un caballo), frontal (posición normal que ofrecen al contemplar el objeto de frente), girada (frontal, en la que algunos elementos sí modifican su situación respecto al frente) y lineal (sin efectos de sombra, pero utilizando la disminución de tamaño siguiendo las líneas del *punto de fuga*). *Que tiene proyección o futuro.

peso Efecto óptico conseguido por la *densidad* y tamaño de las letras.

pestaña Rasgo de la letra que se prolonga fuera del *cuerpo*.

pica Pertenece al sistema tipométrico angloamericano, también de base 12, como el *didot*. Procedente de la pulgada inglesa, está formada por doce puntos y equivale a 4,22 mm.

pictografía Representación pictórica de imágenes o escenas.

pictograma Gráfico que representa un objeto o imagen concretos.

pignilos Defecto de impresión observado en la realizada en *hueco* sobre *papel reciclado*, a causa de su contracción al secarse la tinta.

pie Texto breve, explicativo de una ilustración adjunta. *Patilla*.

pie de página Espacio que se corresponde con una franja imaginaria situada en la parte baja de la página.

pie de imprenta Referencia, obligada, del establecimiento autor del trabajo, que ha de figurar en la publicación.

pie de lámpara Configuración presentada por las líneas de un *párrafo* dispuestas de mayor a menor ancho (o viceversa en la modalidad invertida), de forma que sus extremos perfilan un triángulo regular.

pintada *Graffiti*.

pintura combinada Tiene como base el colage y utiliza papeles impresos, fragmentos de carteles, etiquetas, viñetas de cómics, que encuentran una expresión nueva fuera del contexto para el que fueron creados inicialmente.

píxel (Picture $\times$ Element). Cada punto de luz que integra una imagen en pantalla, por lo que es sinónimo de punto. Es la unidad elemental de una *imagen digital*. Su número define, de forma directamente proporcional, la *resolución* de esa imagen.

pixelación Se llama así al efecto visual que ofrece una imagen en la que se perciben los puntos.

plana Página. *Superficie* que no presenta relieves ni hendiduras. *Forma* impresora con esas características.

plancha *Forma impresora* constituida por una sola pieza.

planillo Pequeño boceto que corresponde a cada página de una publicación, para planificar sus contenidos y ubicación.

plano Cada superficie imaginaria, dentro de una

composición gráfica, en la que los elementos representados en ella mantienen la misma distancia respecto a la superficie real del soporte de la composición; por ejemplo, respecto al papel en que se representan las imágenes. El diseño gráfico incorpora el lenguaje del cine y utiliza la palabra plano en lugar de encuadre (ver *encuadrar*). Los diferentes planos que puede presentar una foto impresa son: plano general (recoge todo lo que puede captar un objetivo), especializado (en el plano se condensa lo fundamental de la información de la foto), medio (centrado en la figura principal, que se toma como referencia), americano (la figura se acerca tanto que queda mutilada por las rodillas), cercano (concretado en el busto del personaje) y primer plano (encuadre que presenta al elemento principal ocupando la superficie de la foto). *Infográfico que representa una superficie.

planografía Procedimiento de impresión en el que las zonas impresoras y no impresoras de la *forma* se encuentran al mismo nivel. *Litografía*. *Offset*.

plantilla *Rejilla*.

platina Mesa destinada a la *imposición*, *montaje* y *ajuste* de páginas, en el procedimiento de impresión tipográfica.

pleca *Filete* corto, fraccionado.

plegado Presentación de una publicación cuyas páginas forman un panel que se somete a un doblado para su entrega. En folletos, los más usuales son los de tipo caracol (envoltura o enrollado plano), con doblez, simple o doble, y en acordeón. *En prensa, función realizada por la rotativa, que forma parte del proceso de la tirada del periódico.

pliego Total de páginas que entran en una *forma* y que, por tanto, pueden ser impresas conjuntamente. *Tamaño de papel, de 44×32 cm, del que, doblado, se obtienen dos hojas de tamaño folio.

plomo Nombre genérico dado a la aleación tipográfica, de la que es componente junto al antimonio y estaño. *Texto compuesto, en el procedimiento tipográfico. *Por extensión, información que resulta «pesada» por su gran volumen de texto.

polisemia Juego que se hace con los diferentes significados de una palabra. Se utiliza en técnicas de publicidad.

politipo Tipo múltiple

que en la tipografía del plomo integraba sílabas frecuentes o breves palabras muy usadas. *Ligaduras. Logotipo.*

póliza Total de variedades disponibles, de letras, signos y números, de una misma *familia*, necesarios para la composición de textos en un determinado idioma.

por testa Grabado por *xilografía* a contrafibra.

portada Designación errónea, aunque aceptada por el uso, de la primera página de un periódico. En los libros es la primera impar del *cuerpo*, donde aparecen título, autor y editor.

portadilla Página que precede, a veces, a la *portada* del libro. En ella también se anota el título y el autor. **Anteportada.*

portal Página electrónica que actúa como acceso a la información disponible en Internet.

portamantilla Ver *mantilla.*

postmodernismo Referido al diseño, reacción al dominante en las últimas décadas del siglo xx (principalmente al propio de la *escuela suiza*). Propone la ruptura del orden y claridad en la composición.

póster *Cartel.*

posterización Técnica

digital de separación de tonos que permite reducir la escala de grises a los mínimos para obtener efectos especiales.

posteta Porción de papel sobrante de los pliegos de impresión, tras el corte con la guillotina. *Rebaba.*

postcript Lenguaje de descripción de página, en los sistemas de *autoedición.*

PPI Páginas por pulgada (**p**ages **p**er **i**nch), sistema americano para medir el calibre o grueso del *papel.*

PPP **P**untos **p**or **p**ulgada, que definen la *resolución* de una pantalla o impresora.

prefacio Justificación de la obra, hecha por el propio autor.

premaqueta *Boceto* previo a la *maqueta. Diagrama.*

prensa Elemento que ejerce presión, de cualquier tipo, y facilita la transferencia de la tinta desde la forma impresora al soporte. Las primitivas fueron adaptaciones de las prensas para el vino. En general, *máquina impresora.* **Publicación periódica e impresa.*

primer plano Ver *plano.*

príncipe Nombre que recibe la primera edición de la obra de un autor anterior, en el tiempo, a la invención del tipo movible. *Por extensión, edición principal.

programa Publicación que informa sobre el desarrollo y contenidos de un hecho. Puede presentarse como un cuadernillo, un díptico o un tríptico. *Software, sistema operativo o conjunto de programas que permiten trabajar con el ordenador.

programa de dibujo Llamado también de «objeto orientado», es el que genera los grafismos como objetos unitarios, describiendo las imágenes matemáticamente y no como *mapa de bits*. Es decir, no son trasladadas a un mapa de bits hasta que van a ser procesadas para la impresora.

programa de dibujo y pintura Es el que combina las dos posibilidades, permitiendo la utilización de *capas* y la aplicación del *programa de dibujo*.

programa de diseño Permite la edición de textos, incorporación del material gráfico y recursos tipográficos y modificación de todos los elementos para la consecución de la maqueta.

programa de pintura El que genera los gráficos como *mapas de bits*.

prólogo Texto que elogia

la obra hecha por otro autor.

propaganda Aplicada a publicaciones gráficas, carteles, folletos, les confiere una finalidad de comunicación ideológica o confesional.

proporción Relación existente entre el todo y sus partes.

proporción divina *Canon áureo*.

prospecto Hoja informativa que, además, exalta las cualidades de lo que presenta.

protocolo Normas que se cumplimentan para acceder a la transmisión de datos informatizados. *Hoja que se añade a un acuerdo para garantizar su autenticidad.

protografismo Formas dibujadas primarias. Son el antecedente de las *pictografías*, en las que ya se reproducían escenas y, por tanto, anteriores a las pinturas rupestres.

protoincunable *Incunable* sin *signatura*, es decir, anterior a 1472, año en que ya es habitual su incorporación a los impresos.

prototipo Ejemplar inicial que sirve de modelo para los sucesivos.

prueba Muestra de impresión de un texto para su corrección.

publicidad Referida a publicaciones, espacios en los que se dan a conocer las cualidades de un producto con fines comerciales.

pulsación Cada una de las letras, signos o espacios que integran un texto.

punta seca Técnica manual de *calcografía* que emplea un elemento grabador terminado en un diamante o acero afilado para trabajar la plancha. *Grabado así obtenido.

puntilleado o **punteado** Filete constituido por una sucesión de puntos visibles, que forman una línea.

puntillismo Técnica pictórica que utiliza puntos cromáticos, separados o contiguos, para crear ilusiones de color.

punto Unidad de medida tipográfica equivalente a la doceava parte del *cícero* o de una *pica*. Tiene diferente valor en cada caso. *Píxel*.

punto de fuga El situado en la línea de un supuesto horizonte, en la composición gráfica, y en el que parecen confluir las líneas originadas en los diferentes puntos del *primer plano* de una *perspectiva* frontal.

punto de venta Material gráfico, anuncio o reclamo concreto, destinados a la promoción de las publicaciones en vías públicas o centros de venta.

Q

quebrado En general, párrafo formado por líneas de diferente ancho que rompen la *alineación*. *Estilo de diseño que trunca la simetría de los elementos de la página.

quemada Reproducción fotográfica de línea, es decir, sin tramas. Es un efecto buscado para acentuar su vigor y pronta visibilidad.

queso En la jerga periodística, gráfico que utiliza esta forma para dar una información fraccionada en porcentajes.

R

rama Marco de metal que ajustaba los elementos de la página, en la impresión en relieve.

rataplán Nombre dado al conjunto de llamadas que remiten al lector a los contenidos de las páginas interiores, publicadas en la primera página de los periódicos. No es un *índice*, porque sólo recoge los temas más destacados.

reales Letras *romanas* diseñadas en el siglo XVIII que marcan la transición entre las *antiguas* y las *modernas*. La más representativa es la de John Baskerville (impresor y diseñador inglés, 1706-1775) que lleva su nombre, de suaves contrastes en las minúsculas y más notables en las mayúsculas. Los caracteres «baskerville» se utilizan hoy por su claridad y elegancia.

realidad virtual Entorno óptico, visible y con apariencia de realidad. Es más adecuado usar el término «entorno», en lugar de realidad.

realismo Aplicado al diseño, especialmente de carteles, propugna el uso de la reproducción fiel del objeto central de la composición. La imagen realista se identifica y familiariza, inspirando confianza en el destinatario.

realismo mágico Nombre con el que se dan a conocer, en 1970, fotorrealistas (ver *hiperrealismo*) españoles como Antonio López, Isabel Quintanilla y los hermanos López Hernández, entre otros.

rebaba *Posteta*. *Hombro.

reclamo Palabra o sílaba colocada a la derecha, al final de cada página, que se repite en el principio de la siguiente. En desuso.

recorrido Referido al texto, modificación sufrida por su alineación para adaptarse a otro elemento de la página o por alguna razón estética. Las líneas cambian su ancho para, con su nueva alineación, envolver a la figura colindante. *Flujo. Contorneo.*

recto Cara opuesta a la de *retiración*, llamado también *blanco* y *anverso*.

recuadro *Marco* colocado en torno a una información, gráfica o textual, realizado con filetes u orlas. Entre la línea de cierre y el elemento recuadrado debe conservarse un blanco de cortesía. *Cierre.*

red Infográfico cuya forma permite establecer correspondencia múltiple entre las divisiones a las que se somete el tema de la información así expresada.

redonda Variedad que presenta una letra cuando es perpendicular a la línea base y tiene un grueso y tonalidad equilibrados. *Española*.

reedición Nueva impresión de una obra, en la que se ha modificado el contenido.

registro Solución final que muestra la perfecta coincidencia de las diferentes impresiones necesarias para la consecución de la página. Ver *Marcas de registro*.

regleta En tipografía, línea de metal sin relieve, para lograr interlineado. Regletear es separar los *renglones*, *interlinear*.

reimpresión Repetición de la edición sin introducir cambios en el contenido.

rejilla Papel del tamaño de la página, en el que se establecen, mediante divisiones lineales, las pautas de los espacios destinados a la impresión y a sus separaciones. Sobre ella se sitúan los diferentes elementos, ordenados, que configuran la *maqueta*. El soporte, en lugar de papel, también puede ser la pantalla del ordenador.

remendería Con este nombre se designa la producción impresa de pequeña incidencia: etiquetas, membretes, tarjetas y similares.

remodelar Referido a una publicación, modificarla de forma que conserve su identidad.

remosqueada Impresión doble o desplazada por corrimiento del pliego.

renglón Línea trazada con una supuesta regla. *Línea* de escritura realizada por cualquier procedimiento. *Pequeño *título*. *Texto breve.

reprografía Reproducción fotográfica de originales que utiliza la tecnología de naturaleza luminosa en tres modalidades: electrostática, fotoquímica y termográfica. Según la preparación específica del papel hablamos de *fotocopia*, termocopia (ver *termografía*), *diazocopia* y electrocopia (ver *electrografía*).

resma Veinte *manos*, equivalente a 500 *pliegos*.

resistencia Cualidad del papel que le permite oponerse a su fractura o deterioro en el proceso de impresión.

resolución Número de puntos por pulgada que integran la reproducción de una imagen en cualquier soporte. En el digital, número de píxeles. A mayor número, mayor resolución y mejor *definición*.

retícula Red formada por finas líneas que se cortan perpendicularmente. Con su intervención se consiguió el medio tono en el *fotograbado*. *Trama*. *Rejilla, que sirven de pauta a la *maqueta*.

retiración Impresión realizada en el *reverso* del papel, lo que supone la impresión por sus dos caras.

reverso Cara del pliego que se imprime en segundo lugar.

revista Publicación periódica que recoge información múltiple o monotemática.

rigidez Sensación producida por la colocación estática de los elementos de una composición gráfica.

rima Coincidencia de sonidos en las palabras de una composición.

ritmo Aplicado a una composición gráfica, es su ordenado dinamismo. Uno de los recursos más usuales para lograrlo es la inserción repetitiva de elementos.

robapágina *Módulo* de publicidad *truncado*, llamado también rompepágina.

rodillo Cilindro destinado al entintado de las *formas* impresoras.

romana Familia tipográfica caracterizada por disponer de *patilla*. Surge en el Renacimiento y está inspirada en la escritura romana. Dentro de ella, según la forma de su *serif* y la alternancia del grueso de sus astas, se establecen diversas modalidades: *antiguas*, *reales*, *modernas*. *Tipografía latina*.

romántica Letra *orlada* que entronca con el gusto de la época romántica. *Cursiva adornada, de connotación sentimental.

rompepágina Módulo de publicidad *truncado*.

rotado Se dice del elemento gráfico que se presenta girado, es decir, inclinado respecto a la horizontal de la composición tipográfica.

rotativa *Máquina impresora* que utiliza cilindros portaplanchas, entintadores, humectadores (en algunos procedimientos), cilindros de presión y de papel *bobina*. En *offset* y en *tipoffset* incorporan, además, el cilindro *portamantilla*.

rotocalcografía Llamada también rotograbado. Procedimiento de impresión calcográfico con formas integradas en el cilindro de impresión. En el proceso tradicional, la imposición de la página se realiza en un soporte transparente que se aplica sobre un papel pigmentado superpuesto a la forma. Ésta es una plancha de cobre que, por electrólisis, se incorpora al cilindro de presión. La insolación y el baño con ácidos hace que la plancha quede mordida con distinta intensidad gracias a unas tramas interpuestas en las zonas en que ha desaparecido la gelatina, por haber quedado adherida al papel. En las zonas donde ésta permanece no sufre corrosión la plancha, y por tanto no van a retener la tinta. Ésta sólo entra en los alvéolos resultantes del efecto del ácido. La complejidad de este proceso se ha visto simplificada por el grabado de las planchas por cabezales que responden a los impulsos eléctricos generados por un *láser*, previa exploración por *escáner*. Ver *calcografía* y *huecograbado*.

rótulo Letrero. Texto breve que avisa de algo. Título publicitario. *Por extensión, *título* en general.

rotunda Modalidad de letra *gótica* que se usó, preferentemente, en España, caracterizada por el predominio de las curvas en sus rasgos.

rueda de proporciones Instrumento formado por dos círculos metálicos, concéntricos, dotados de escala métrica. Se utiliza para encontrar la medida proporcional de una foto que ha de modificarse, para su maquetación, respecto al tamaño que presenta en el original. Fijando la dimensión conocida, en uno de los círculos, en el otro aparece la buscada. También ofrece el porcentaje de ampliación o reducción, según los casos.

S

sábana Tamaño de periódico equivalente al doble del *tabloide*. Llamado también *estándar*. Este gran formato obliga a tener en cuenta, a la hora de maquetar, el obligado doblez que experimenta la página para facilitar su distribución y venta. Mientras que en los tabloides se puede realizar la maquetación de «página completa», ya que así va a ser vista por el lector, en los de gran formato hay que considerarla como dos mitades.

salida En una página, lo contrario de *entrada*. *Tiempo en el que se produce la aparición de una publicación. En función de ella puede ser matutino, si sale por la mañana, o vespertino, si lo hace por la tarde.

salientes Letras con *pestaña*, es decir, en las que hay algún pequeño rasgo o adorno que sobrepasa el *cuerpo*.

salto Referido a la página, cuando se rompe la continuidad en el texto y hay que seguir su lectura en otro emplazamiento.

sangrado *Línea* o líneas de texto que se inician más adentro que las demás que lo constituyen. Lo mismo, cualquier otro elemento que adopta esta posición respecto a la alineación del bloque al que pertenece.

sangría Blanco con el que se inicia la primera línea del *párrafo ordinario*, que resulta por ello más corta que las demás.

satinado Papel cuyo acabado ofrece lisura y suavidad al tacto. Puede serlo por una cara, por ejemplo para carteles, o por las dos, para impresiones en *blanco* y *retiración*. A mayor lisura, mejor reproducción de las tramas.

saturado Referido al color, el que presenta la mayor potencia y pureza.

scriptorium Lugar reservado para la reproducción manual de libros, en la Edad Media, generalmente dentro de los monasterios, donde los monjes realizaban el trabajo de edición completo. Su creador fue Casiodoro, en el año 510. Se elegía para ese fin la sala mejor iluminada y más abrigada, en la que los *amanuenses* escribían al dictado de un lector, consiguiéndose así copias múltiples de un mismo libro. Antes de proceder a la escritura, el amanuense preparaba el pergamino y trazaba las líneas guía para los textos y los márgenes. Dejaba también reservado el espacio para las ilustraciones. Una vez concluida la copia, el *crisógrafo* realizaba las capitulares, orlas, adornos e ilustraciones que, después, serían coloreadas por el miniaturista o iluminador. Terminado el trabajo se procedía a la encuadernación. De este modo, con la previa preparación de pieles y tintas, en el monasterio se desarrollaba todo el proceso de producción de códices.

sección Espacio fijado, dentro de una publicación periódica, para informaciones concretas o en torno a un mismo tema. Gozan de un diseño identificativo que facilita su reconocimiento por el lector. *Dibujo que representa el contenido parcial de una figura a la que se ha practicado un supuesto corte vertical u horizontal.

selección de color Mediante la utilización de filtros, verde, azul-violado y rojo, se obtienen los correspondientes negativos del magenta, amarillo y cyan, respectivamente, de los que se realizarán las consiguientes formas para la impresión de cada color. Las cámaras de fotomecánica llevaban incorporados estos filtros y también las tramas, para proceder a fotografiar tres veces sucesivas el original y así realizar la citada selección de colores. Efectuada con escáner se hace de forma simultánea. Los procedimientos actuales la incorporan ya al sistema digital.

sello Grafismo que acredita una identidad o garantía. *Pequeña forma impresora que permite la reproducción de ese grafismo. *La estampación resultante de su aplicación. *Sello postal, emitido como franqueo de correos; tiene unas características propias que, al igual que en el caso del papel moneda, precisa de diseñadores especializados.

sema Significado. Representación mental surgida de la contemplación de un *signo*.

semántica Referida al diseño, se ocupa de la relación existente entre el *signo gráfico* y su capacidad para expresar el significado que asume. Para algunos autores es más exacto hablar de semiótica.

seminegra Variedad tonal intermedia que puede presentar una letra. La siguiente sería *negra* y la inferior, *fina*.

semitono Calidad tonal conseguida por la descomposición en puntos, mediante una *trama*, de una imagen.

semiuncial Llamada también «de media *uncia*». Letras escritas partiendo de la medida de las *unciales*, pero dividiendo en dos su espacio mediante cuatro líneas guía que permitían a las letras poder sobrepasarlas con sus rasgos, resultando así los *descendentes* y *ascendentes*, precursores de las *minúsculas*.

sencillez Sensación producida por la reducción de elementos de una composición gráfica en la que no se percibe, sin embargo, ninguna carencia.

señal *Signo* codificado.

separata Impreso tirado aparte de la publicación

principal. Es una edición anexa que no la modifica pero que reproduce algo de ella o amplía alguno de sus contenidos.

sepia Color *pardo* obtenido, en sus orígenes, de la tinta de algunos cefalópodos.

serie Llamada también «suerte». Cada variedad presentada por las letras dentro de la misma familia. Así, una futura puede ser *redonda*, *seminegra*, *negra*, *cursiva*, *condensada* o *ancha*, entre otras posibilidades.

serigrafía *Permeografía*. Procedimiento de impresión en el que la forma impresora es una malla, en sus orígenes de seda, que presenta zonas abiertas, permeables a la tinta que pasa a través de ellas, y otras cerradas, que impiden su paso. *Estarcido*.

serif Remate o bigotillo, *gracia*, *patilla*. Su posible forma triangular, filiforme o cuadrangular, y su diferente modulación o grosor, establecen las diferentes denominaciones de las letras que lo llevan.

serpentina Filete simple y ondulado.

sigla *Acrónimo*.

signatura Línea de texto colocada en *pie* o *cabecera* de página para indicar el título, *foliación*, etc.

significante Elementos que constituyen un *signo*. En el signo gráfico, todos sus integrantes.

signo Seña, evocación o representación gráfica de algo por relación natural o convencional. *Sema*.

silueteado Efecto conseguido al eliminar, en una fotografía o imagen, todo el contenido excepto la figura que se destaca.

simbolismo Movimiento surgido en la década de los ochenta del siglo XIX. Refleja la nostalgia por un pasado irrecuperable y emplea métodos y elementos del *modernismo*. Utiliza la *iconografía* y el uso de *símbolos gráficos* para el diseño de *carteles*.

símbolo gráfico Representación gráfica convencional de algo.

simetría Correspondencia entre los elementos de una composición gráfica, al estar situados a ambos lados de un eje imaginario. En diseño es el equilibrio ordenado de los elementos integrantes de la página.

simultaneísmo Técnica que utiliza imágenes fraccionadas superpuestas para conseguir la sensación de movimiento.

sin serif Debería utilizarse, en su lugar, la expresión española «sin remate» o «sin patilla». Característica principal de las letras futuras. Su uso es propuesto por Herbert Bayer, en la *Bauhaus*, y Tschichold, en la Escuela de Munich, como base de la *Nueva tipografía*.

sincronismo Coincidencia de hechos en el tiempo. En la historieta, acoplamiento entre la expresividad textual e iconográfica.

sinestesia Efecto conseguido por la estimulación de un sentido que provoca la respuesta de otro. Técnica de posible utilización en el diseño.

sinopsis Resumen de lo fundamental del contenido de una obra.

sistema didot Procedimiento de medición tipográfica con base duodecimal. Lleva el nombre de su instaurador, A. Didot. Aceptado en 1775, está basado en el pie de rey (12 pulgadas francesas de la época). Ver *cícero* y *punto*.

sistema métrico Procedimiento de medida lineal con base decimal instaurado en 1792. Se utiliza para la medida del material gráfico no tipográfico, que aceptó el duodecimal 17 años antes. En ese periodo de tiempo, la fundición de tipos alcanzó tal volumen que hizo aconsejable no reconvertirlo al sistema métrico.

SND *Siglas* de la sociedad internacional que agrupa a diseñadores de prensa e investigadores del diseño. Edita boletines informativos para sus miembros. Entre sus muchas actividades está la edición anual de una publicación en la que se recogen las páginas sobresalientes, la convocatoria de concursos y la celebración de encuentros de trabajo desarrollados en distintos países.

sobrecubierta Cubierta protectora exterior, que cubre la propia de la encuadernación.

sobreimpresión Imprimir una tinta sobre otra. Textos o ilustraciones negros sobre fondo gris (no superior al 40 por 100). *Superposición. *En lenguaje de ordenador, «pegar dentro» o «enmascarar».

sobretiro Tirada aparte. Nueva edición de un periódico en el que se ha cambiado alguno de sus contenidos.

soporte Material dispuesto para contener información. Referido a la impresión, apto para recibir la reproducción material de los elementos de la comunicación gráfica, efectuada de forma manual o por procedimientos mecánicos o electrónicos. Los soportes de escritura más antiguos son las tablillas de arcilla y madera, además de la piedra, metales y marfil, las láminas de bambú y de plomo, hojas de palmera, corteza de árbol, papiro, pergamino y papel. A los dos últimos, usados también desde las primeras impresiones, se han unido otros de utilización posterior, como la seda, plástico, poliéster, vinilo, vidrio y láminas metálicas para envases.

staff *Cartela.*

subliminal Mensaje oculto a la pronta percepción visual del diseño, pero que sí percibe el subconsciente del lector.

subrayado Recurso tipográfico para destacar o resaltar un texto. Su uso procede del mecanografiado. Las opciones informáticas actuales permiten sustituirlo por otros elementos.

subtítulo *Título* secundario que se sitúa debajo del principal.

sucio Se dice del resultado de una impresión en la que no se ha logrado un buen *registro.*

suerte Todos los *tipos* procedentes de la misma *matriz* y, por extensión, del mismo diseño.

sumario Parte de los *titulares*, situada después del subtítulo, que enumera lo principal de la información. *En un periódico equivale al índice o enunciado de los temas más destacados, siguiendo su orden de paginación.

supernegra Tonalidad máxima de una letra, que sobrepasa a la *negra.*

Súper veloz Nombre de una colección, creada por J. Trochut, de 14 módulos intercambiables, con los que se podían dibujar hasta 50 alfabetos diferentes. Con la base de elementos rectos y curvos y una extensa gama de adornos secundarios, cualquier tipógrafo podía, según muestrario o por propia iniciativa, obtener diseños inéditos para rotulación y capitulares. Su uso se extendió desde 1944 hasta 1952.

suplemento Publicación que puede ostentar diversos grados de independencia respecto a su presentación, y se entrega junto al periódico tutor, al que complementa en contenidos no recogidos por él.

suprematismo Movimiento artístico definido en 1915 por Kasimir Malevitch como «la supremacía del sentimiento puro en las artes pictóricas». Recurre a la simplicidad de formas y austeridad cromática. Es el origen de la pintura geométrica europea y tuvo gran influencia en la *Nueva tipografía.*

surrealismo Tendencia artística definida por André Bretón, en 1924, como el «dictado del pensamiento en ausencia de cualquier control ejercido por la razón, al margen de toda preocupación estética o moral». Entre otros, lo practicaron André Masson, Joan Miró, Salvador Dalí, René Magritte y Max Ernst. Su influencia se advierte en el diseño de ilustraciones y carteles, donde se manifiesta una nueva dimensión de la realidad y el uso de elementos simbólicos. Se acentúa el efecto visual, la *perspectiva* y la libertad cromática.

T

tabloide Tamaño de periódico que oscila en torno a 28 cm de base por 43 de altura.

tachismo Término de origen francés («tache», mancha) que denomina un estilo surgido a mediados del siglo XX que practica la libertad cromática y trazos o manchas espontáneas de color.

talbotipia *Calitipia*.

talla En el diseño manual de tipos para fuentes de ordenador, estilo de la letra dibujada.

talla dulce Modalidad de la *calcografía*, llamada también al buril, por utilizarse éste para grabar, a mano, la plancha impresora.

tamaño Puede usarse este término en sustitución del galicismo *formato*.

tampón Almohadilla utilizada para el entintamiento manual de la *forma*. Ahora, para el entintado de los sellos de caucho.

tapa Cubierta de un libro realizada en cartón.

tarjeta Cartulina de pequeño formato, en la que se imprime información correspondiente a personas o entidades. Su diseño se ha enriquecido con las posibilidades de los programas informáticos. *Pequeña placa de circuitos impresos para su uso informático.

tebeo Publicación en la que la mayor parte de su contenido se resuelve en *viñetas*. Es el fonema de *TBO*, revista infantil aparecida en 1917, y término aceptado en el diccionario de la RAE para designar el género narrativo dibujado. Estas publicaciones cultivan la *historieta* cómica en páginas completas o en tiras, desarrollando un lenguaje propio. Sus contenidos pueden ser divulgativos, narrativos y de humor, y junto a ellos es frecuente que también incorporen otros espacios resueltos fuera de la *historieta*.

teja En el procedimiento tipográfico en caliente, plancha impresora semicilíndrica obtenida del *cartón de estereotipia*.

telecomposición Composición de textos efectuada desde fuera del lugar donde se encuentra la máquina componedora. Usa distintas tecnologías, pero su origen está en el belinógrafo, transmisión telegráfica. Ver *TTS*. Una de las más recientes modalidades es la transmisión digitalizada, mediante cable o satélite.

teletipo Aparato que combina la recepción telegráfica de mensajes y su conversión en texto mecanografiado.

telefacsímil *Fax*.

télex Emisor y receptor de mensajes mecanografiados, enviados por teléfono o telégrafo.

terabyte Billón de bytes (mil gigabytes).

termografía Nombre genérico dado a diferentes procedimientos de reproducción basados en la reacción de soportes especiales, sensibles al calor emitido por infrarrojos. A causa de esto se crean zonas impresoras, correspondientes a los grafismos, que se calientan y transfieren la tinta, mientras que las no impresoras corresponden a las no alteradas.

terno Tres pliegos que, doblados, dan 12 páginas.

tetracromía Impresión a cuatro tintas: amarillo, magenta, cyan y negro. *Cuatricromía. Selección del color*.

textura Cualidad que ofrece un soporte, detectada a simple vista o al tacto, y que hace referencia a su *estructura*. *Nombre dado por Duboffet a los perfiles gráficos percibidos en su *art brut*. *Modalidad de letra *gótica*.

Thibaudeau, Francis Tipógrafo francés (1860-1925) que ordena las diferentes tipografías basándose en la forma de las *patillas*. Así establece la *elzeviriana* (remate triangular) *didona* (filiforme) *y egipcia* (antigua). A las que no presentan *serif*, las designa *antiguas*, por su semejanza con las *góticas*.

tinta Compuesto de aglutinante y pigmentos, con

diferentes presentaciones, que hace posible la impresión mediante su transferencia y fijación en el soporte.

tipo Sinónimo de letra dispuesta para ser impresa.

tipo-figura geométrica Fundición de formas geométricas combinables que permitían a los *cajistas* crear tipos movibles de diseños personalizados. Se puso en práctica en la tercera década del siglo XX, con el objetivo de facilitar la creación de tipografías diferentes en las publicaciones periódicas. *Súper veloz*.

tipo movible Llamado también «tipo móvil». Prisma que en una de sus dos caras menores ostenta, grabado en relieve, el signo a imprimir que constituye el *ojo* del tipo, mientras que el *hombro* pertenece a la zona superior e inferior de la cara, que no imprime por encontrarse en un nivel inferior. Ojo y hombro dan el cuerpo de la letra. Los tipos metálicos, conseguidos por la llamada aleación tipográfica (ver *plomo*) fueron fundidos, por primera vez, por *Gutenberg*, a mediados del siglo XV, mediante moldes o matrices creadas por él. Una vez utilizados para componer un texto, volvían a ser guardados para un nuevo uso. De su constitución original han perdurado algunos de sus atributos: los que pertenecen a su imagen impresa, es decir, al grafismo que reproducen, mientras que otros forman parte de su historia, ya que no tienen ningún significado en la tecnología actual. Las denominaciones que sobreviven son: hombro, ojo, cuerpo, asta, patilla, ápice, botón, bucle, panza, cola y contrapunzón. Todas quedan definidas, individualmente, en este diccionario.

tipoffset *Tipografía* indirecta. La impresión, en relieve, se efectúa primero en cilindros de caucho desde los que es transferida al *soporte*.

tipografía Procedimiento de impresión en el que la *forma*, metálica, está constituida por uno o varios elementos y presenta sus zonas impresoras en relieve. Puede ser en caliente, en cuyo proceso interviene la fundición del *plomo*, o en frío, que utiliza formas fotopolímeras. Ver *tipoffset*, *estereotipia*, *flan* y *teja*. *Todo lo referente al uso de los recursos tipográficos: letras y otros elementos gráficos.

tipografía digital La diseñada por ordenador cuando ha sometido su forma a la dictadura de la tecnología empleada, ajena a la imagen histórica de la letra. En baja resolución o de gama baja ostenta su origen electrónico, inconfundible y hasta provocado, ofreciendo poca *legibilidad* y dudosa estética en muchos casos.

tipografía latina De inspiración romana, resurge en el siglo XX, como contrapunto a la *sin serif*. Está diseñada para prensa, buscando legibilidad y elegancia. La más representativa es la diseñada, en 1931, por Stanley Morison, en exclusiva para *The Times*, donde aparece en octubre de 1932. Es la Times New Roman, usada hoy en innumerables *cabeceras*.

tipografía mediterránea Estilo tipográfico propuesto por Enric Crous-Vidal y continuado por Guillermo de Mendoza. Creadores de letras y viñetas identificadas, en su diseño, con el sentir latino y con la aspiración de ser su exponente universal. *Novocentismo*.

tipología Estudio de los *tipos* desde la perspectiva de su origen, diseño y técnica empleada en su reproducción.

tipometría Concierne a la medida de los elementos tipográficos.

tipómetro Regla con diferentes escalas, correspondientes a los sistemas tipográficos (ver *cícero* y *pica*), para la medición de espacios y líneas de texto *compuesto*.

tipón Término usado en otros países, en lugar de *fotolito*.

tirada Total de ejemplares de una misma publicación.

titulares Conjunto de *títulos* que encabeza una información, que aparece en una misma página o que ofrece una publicación. Lo compone el título, que puede ir precedido de un antetítulo, breve línea que sitúa el hecho, y va seguido de subtítulos, que completan el contenido de la noticia.

título Unidad de texto, breve y expresiva por sí sola, que sirve de encabezamiento al tema desarrollado. Llamada textual al lector sobre lo fundamental de una información.

tomo Parte o partes (con encuadernación independiente) que forman una obra.

tono Atributo del color que permite su denominación según los estándares establecidos. Ejemplo: rojo anaranjado, amarillo verdoso, etc.

tóner Tipo de tinta en polvo, apta para los procedimientos electrográficos.

trama Superficie formada por puntos o líneas. Con su afluencia o intersección pueden descomponerse las imágenes para obtener los *semitonos*. *Grabado directo*.

travesaño *Barra*.

tremblé *Filete* que alterna en su trazado pequeñas rectas y ondulaciones, creando sensación de zigzag.

tricromía Impresión a tres tintas. *Selección del color*.

tridimensional Efecto visual que produce una imagen o diseño, que incorpora o aparenta incorporar profundidad. *Espacio ilusorio*.

tripa Interior de una publicación. Cuerpo de un libro.

tríptico Impreso formado por seis caras, tres hojas, que se pliegan una sobre otra. Ver *plegado*. *Conjunto formado por tres tablillas enceradas, para la escritura, en la antigua Roma.

troquelado Efecto conseguido al cortar, siguiendo el contorno de las figuras elegidas, las cubiertas y páginas de algunos libros, generalmente para lecturas infantiles. También usado en la edición de publicaciones publicitarias.

truncado Módulo de publicidad que corresponde a media página horizontal, pero que es colocado en vertical, extorsionando el diseño de la página. Llamado también *rompepáginas* o *robapáginas*.

Tsai Lun Considerado el inventor, en realidad fue un perfeccionador del procedimiento de obtención del *papel*, en el año 105. El hallazgo de papeles en una tumba del siglo II a. C. le arrebata el atributo de inventor.

TTS Siglas de **t**ele **t**ype **s**etter. Sistema de *telecomposición* mediante una cinta perforada (mediante los impulsos eléctricos generados por la transmisión telefónica del texto), codificada, capaz de ser leída por una máquina que, en función de las perforaciones, accionaba el teclado de la *linotipia*, evitando así la presencia del linotipista.

U

U & Lc Publicación *tabloide*, exponente de los diseños de la ITC (International Typeface Corporation), fundada en Nueva York en 1970, por Herb Lubalin, el fototipógrafo Edward Rondthaler y el tipógrafo Aaron Burns. De gran influencia en la tipografía de fin de siglo e incidencia en la actual, con su presencia impresa y en Internet.

unciales Letras mayúsculas escritas en el espacio dejado entre las dos líneas guía trazadas con la separación de una uncia (pulgada romana). Se utilizaron entre los siglos IV y VII.

univers Letra diseñada por Adrian Frutiger en 1928, *sin serif* y de trazos proporcionados. Su gran aceptación hizo que su autor elaborara dos versiones más, una para las máquinas IBM de dactilocomposición y otra para su tratamiento informático. Frutiger diseñó también los tipos ondine, president y roissy. Este último lleva el nombre del lugar del emplazamiento del aeropuerto Charles de Gaulle, en Francia, ya que fue creado para sus señalizaciones.

V

vaciada Letra *hueca*.

valor En el color define las variantes posibles de la intensidad luminosa de un mismo *tono*. Ejemplo: amarillo verdoso claro.

venal Referido a la edición, significa que está a la venta.

ventana Espacio calado en un *fondo* o foto.

verjurado Papel de buena calidad, que presenta filigrana de rayas paralelas.

versales Letras mayúsculas llamadas también de caja alta, por su disposición en la parte alta de las *cajas tipográficas*. Ver *minúsculas*.

versalitas Letras mayúsculas con la *altura de la x*, *minúscula*, del texto a que pertenecen. «EJEMPLO», tiene su primera letra mayúscula y el resto versalitas.

verso *Anverso, blanco*, referido a la impresión por una o dos caras. *Composición métrica o línea de un poema redactada con cadencia.

videografía Técnica por la que pueden obtenerse imágenes, formas, colores y movimientos partiendo de constituyentes electrónicos. Se desarrolla a partir del primer sintetizador de vídeo construido por Num June Paik y Suya Abe, en 1969.

viñeta Pequeña ilustración que cierra el capítulo de un libro. *Pictograma. *En el género de la historieta representa la unidad del relato dibujado. *Cómic. *Historieta.

virar Cambiar los colores de un original fotográfico. La expresión «virada a *sepia*» se utiliza para indicar que una foto ha de tomar este color.

virtual Supuesto de algo que no es real. *Realidad virtual.

vitela Pergamino de óptima calidad procedente de la piel de una pequeña ternera.

viuda Se llama así la última línea de un párrafo que queda fuera de él y salta a otra página o columna, siendo la primera de ella.

vivo Calificativo del color que hace referencia a su percepción media, entre moderada y fuerte.

volada Modalidad de capitular *colgada*.

volumen *Cuerpo* material de un libro. *Antiguamente, conjunto de rollos de *pergamino* que constituían una obra.

Vox, Maximilen Su clasificación de las *familias tipográficas* fue aceptada por la Asociación Tipográfica Internacional (TYP) en 1962. Dentro de las *romanas*, establece cinco modalidades: *humanas, garaldas, reales, didonas* y *mecanas.* A las *incisas* las considera como familia independiente de las anteriores. Las *manuales* y las *escriptas* son las últimas de las clasificadas por Vox. La TYP incorpora al listado las *fractura*, para designar a las *góticas*, y las *fantasía.* Ver las definiciones correspondientes a cada una.

vuelta *Reverso. Retiración.*

vuelta a la americana Expresión que designa la continuidad de un texto presentado en columnas, en el que la última permanece alineada con las demás por su base, pero no por su parte alta, quedando así fuera del bloque correspondiente y separada del que la acoge por medio de un filete.

X

x Letra, en su variedad de *minúscula*, que por carecer de ascendentes y descendentes se toma como referencia para fijar *la línea base* y los rasgos de las otras que la sobrepasan. Ver *altura de la x*.

xerografía Electrografía indirecta. Transferencia de la imagen proyectada, a través de un tambor o placa de selenio cargada electrostáticamente, para atraer las partículas de tinta en polvo y pasarlas al soporte.

xilografía Procedimiento de impresión en relieve, practicado sobre planchas de madera mediante un punzón o gubia. Si el grabado se realiza sobre una superficie cortada de forma perpendicular al tronco, se obtiene un grabado a contrafibra o por testa. Si el corte es paralelo al tronco, tenemos el grabado al hilo o a fibra. La xilografía es el más antiguo de los procedimientos de impresión.

Y

y Conjunción que indica el final de una paginación y se usa precediendo al número de la última hoja.

yuxtaposición Efecto de juntar y solapar distintas imágenes fotográficas formando un todo inseparable, propio del *colage* y del *fotoperiodismo*.

Z

zócalo Soporte o plataforma, generalmente de madera, en el que se fijaban los clichés tipográficos para su montaje. Así alcanzaban el mismo nivel que el resto de los elementos de la forma impresora.

zona óptica Se corresponde con el *punto óptico*.

zonas áureas Las resultantes de la partición proporcional de la página o formato, siguiendo el *canon áureo*.

Zwart, Piet Holandés integrado en *De Stijl*, que propone el diseño de la página con respecto a un eje oblicuo, consiguiendo así un dinamismo en la composición gráfica.

COLECCIÓN FLASH